不懂销售管理，如何出业绩？

销售就是搞定人，管理到位业绩翻倍。

胡志成　帅季华/著

懂管理，聚人心，创业绩！
一柄解决销售团队管理困惑的开山之斧！
管理好销售团队，是决定一个企业战斗力和经营力的关键。

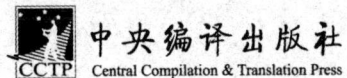

中央编译出版社
Central Compilation & Translation Press

图书在版编目（CIP）数据

不懂销售管理，如何出业绩？/ 胡志成，帅季华著.
—北京：中央编译出版社，2015.11
ISBN 978-7-5117-2798-5

Ⅰ.①不…
Ⅱ.①胡… ②帅…
Ⅲ.①企业管理—销售管理
Ⅳ.①F274

中国版本图书馆CIP数据核字（2015）第240410号

不懂销售管理，如何出业绩？

出 版 人	刘明清
出版统筹	董 巍
策划编辑	黄海明
责任编辑	韩继海
责任印制	尹 珺
出版发行	中央编译出版社
地　　址	北京西城区车公庄大街乙5号鸿儒大厦B座（100044）
电　　话	(010) 52612345（总编室）　　(010) 52612313（编辑室） (010) 52612316（发行部）　　(010) 52612317（网络销售） (010) 52612346（馆配部）　　(010) 55626985（读者服务部）
传　　真	(010) 66515838
经　　销	全国新华书店
印　　刷	北京浩德印务有限公司
开　　本	710毫米×1000毫米　1/16
字　　数	150千字
印　　张	17
版　　次	2015年11月第1版第1次印刷
定　　价	36.00元
网　　址	www.cctphome.com　　邮　箱：cctp@cctphome.com
新浪微博	@中央编译出版社　　微　信：中央编译出版社（ID：cctphome）
淘宝店铺	中央编译出版社直销店（http://shop108367160.taobao.com）　(010) 52612349

本社常年法律顾问：北京嘉润律师事务所律师　李敬伟　问小牛
凡有印装质量问题，本社负责调换，电话：(010) 55626985

前 言
PREFACE

  利润是企业生存与发展的根本,而企业所能获取的利润主要是靠销售带来的,因而现今的企业越来越注重销售,销售部门也就成为了整个企业中最为重要的部门。

  然而令人遗憾的是,虽说我们都知道销售的重要性,并知道要想把企业做好,就必须打造一支优秀的销售团队。但是在实际的管理过程中却总是出现这样或者那样的问题,不但没能取得所想要的优异业绩,反而对整个企业的发展带来负面的影响,以至于不少销售团队的管理者从内心深处发出这样的感慨:"销售团队难带!"

  难道说,销售团队真的就像是大多数人认为的那样难带吗?并非如此,只不过是我们没有掌握正确的管理方法,并且根据实际情况予以运用罢了。

  我所接触的一些销售团队的管理者中,虽然有不少的人在抱怨团队难带,但同样有不少的人把团队带得很好。他们在带队的过程中所遇到的问题与困难大多相似,但是为什么会出现截然不同的结果呢？通过实际的了解，我得出了一个答案：其实他们在心态、能力所运用的领导以及管理方法上、基本上没有多少区别，如果说真的有区别，那就是在实际的管理过程中，对管理策略的运用有所不同。

抱怨团队难带的管理者，虽然也知道不少科学与先进的管理方法与技巧，甚至比后者还要多，但是在运用的时候几乎是生搬硬套；而善于带好团队的管理者则会根据团队实际的情况，予以变通，巧妙地将这些管理方法与技巧本土化——成为他们管理销售团队特有的方法与技巧。

因此，为了帮助销售团队的管理者，让他们更好地带好团队，并创造出优异的业绩，在为企业创造出价值的同时，实现自我的个人价值，我将自己与团队管理者所接触时得到的一些感悟跟实际带队过程中所遇到的一些难题结合起来，从团队管理者的角色定位、所应当承担的责任、如何制定出有效的团队制度、设计团队的目标计划、怎样缩减与团队成员之间的距离、提升他们的职业素质以及业务能力、如何确保销售任务得到切实的执行等方面阐述了在带领销售团队时应该掌握的管理方法与技巧，以及如何根据实际的情况，灵活运用这些方法与技巧所要注意的事项，等等。以供销售管理人员参考。

目录 CONTENTS

001 第一章
让你带一个销售团队,你准备好了吗?

《论语·卫灵公》中有这样的一句话:"工欲善其事,必先利其器",意思是说,我们要想做好一件事就必须提前做好相应的准备工作。同样,我们要想带好一个团队,也要提前做好相应的准备工作。事实上,不少的人就是因为忽略了这一点,而导致在带队的过程中出现了诸多的问题。

1. 从一位新晋销售经理的苦恼说起…002
2. 地位稳不稳,业绩是唯一的决定因素…006
3. 你一定要对影响团队业绩的关键因素有所了解…011
4. 用一张纸了解及规划你的团队…015

021 第二章
跳出"以制度管人"的怪圈

作为团队,少不了的就是规章制度,在企管界也盛行着"按制度管人"的说法。大多的销售经理也认为制定规章制度就是用于约束团队成员的行为,然而令人遗憾的是,有些销售经理在带队时,虽说制定了各项规章制度,可是似乎对团队的发展并没有什么促进作用,反而还会带来负面的影响,为什么会这样?这是因为对规章制度的认识有误区。那么,制定规章制度的真正作用是什么呢?

1. 制度与团队成员的工作力——约束还是激发…022
2. 必须让职员了解制定规章制度的真正目的…026
3. 有效制度的3个关键点：简单、明了、能执行…030
4. 制度一经颁布就等同于团队的"宪法"…034

039 第三章
时刻记住：你现在是团队的管理者

有一句话叫作摆正位置好做事。作为团队的管理者，无论在什么时候，什么场合，都应该始终记住自己是团队管理者，用一个管理者应有的标准来要求自己，做该做的事，说该说的话。在这儿，你不妨想想看，如果连你自己都搞不清楚应该做什么，团队的成员又怎么知道该如何做呢？

1. 重新认知团队管理者的角色定位以及作用…040
2. 分清哪些是该做的哪些是不该做的…044
3. 记住，你的言行会对整个团队带来影响…048
4. 在管理职员前先管好自己…052
5. 别把权力当成管理的唯一武器…057

061 第四章
做下属欢迎的领导，还是下属畏惧的领导

一个管理者在团队中是否受欢迎，取决于跟团队成员之间的心理距离。简言之，就是你应该想办法走到团队成员之中去，走进他们的心里，成为一个受下属欢迎的领导而不是让他们敬畏的人。试想，你的下属都不敢接近你，你能得到他们的拥护与支持吗？

1. 收起刻板的面孔，让你的脸部表情丰富些…062
2. 打开办公室的门，请下属进去坐坐…066
3. 八小时之外，应和下属有那么点"私交"…071
4. 多少懂点读心术，看透下属言行背后的内容…075
5. 学会倾听，让职员把不满说出来…080

085 第五章
永远别指望下属能自动成长为精英

团队的进步发展及其所能取得的业绩都是建立在团队成员的不断成长之上的。要带好团队就必须给予职员充分的信任，然而这种信任并非是将工作任务交代下去后就放任不管。假如没有要求与标准，下属是不可能自动成长为精英的。因此，作为团队的管理者，要采取相应的办法，引导并帮助团队成员自我成长。

1. 帮助下属正确地认识销售工作…086
2. 人才是定位出来的，销售精英也是如此…094
3. 带新人的三字诀：传、帮、带…097
4. 学会良性施压，"逼"团队成员进步…101
5. 激励后进者，偶尔给他们打张好牌…105

109 第六章
永远不能忽视内部的矛盾与冲突

就像是划龙舟比赛，要想在竞赛中获胜，所有的水手都必须朝同一个方向用力划，并且还应当讲究步调的统一。同样在一个团队中，要想部门创造出优异的成绩,作为管理者也必须采取相应的方法和策略,消除内部的矛盾与冲突,使得整个团队的成员之间达到和谐、统一的局面。

1. 从正确认识团队内部的矛盾与冲突开始…110
2. 在处理矛盾与冲突前,先让自己冷静下来…114
3. "和稀泥"往往会和出更大的麻烦…117
4. 一视同仁,对事不对人是必须遵守的准则…121
5. 谨慎对待"小报告",莫让职员告密成风气…124

129 第七章
培训,培训,再培训

当今的时代,是一个知识和信息快速更新的时代,市场的变化和技术的发展要求企业成员不断地学习新的知识和技能,否则就不能胜任工作。团队要生存与发展,就必须不断地更新专业知识,只有这样才能够把握住时代的脉搏而不被抛弃。当然,给予团队成员相应的培训,就是最为便捷有效的学习方法。

1. 把握培训的方向与目的…130
2. 制定具有针对性并可持续性的培训计划…134
3. 鼓励团队成员进行自我培训…138
4. 营造学习环境,把学习当作长线投资…142

147 第八章
制定合理目标的力量

目标就是方向，它事关整个团队及其所有成员的利益。一个团队只有树立明确的目标，才能有前进的方向和动力，才能提高团队成员的积极性和主动性。制定合理的目标可以充分调动团队成员的才能，并推动他们自觉克服一切困难，一起努力达到目标。因此，团队的管理者要想带好团队取得较好的业绩，必须要有合理目标。

1. 团队的整体目标不在于有多大，而在于是否可行…148
2. 团队整体发展目标既要切实可行，又要有诱惑性…152
3. 学会合理地分解目标，明确目标执行的优先顺序…156
4. 学会帮助团队成员确定个人的目标…161

165 第九章
流程管理，让业绩倍增

对任何的一个团队来说，团队成员的工作效率直接决定所能取得的业绩。而要想提升团队成员的工作效率，作为管理者就应该注重工作的流程设计，因为只有这样才能让团队中的每一个成员在执行的过程中做到有规可循，知道自己要做什么，并且如何去做。

1. 有效、高效的关键在于标准化、系统化…166
2. 步骤分解的准则…171
3. 增加检核量，管理检核记录…173
4. 考核标准明确才能提升团队成员个体效率…176

181　第十章
学会布置与监督，团队成员才能把工作做到位

为什么团队成员总是难以完成你所交代的工作任务，或者最终的工作成果并非是你想要的呢？许多的销售团队就是因为如此，导致了在工作中出现了诸多的问题，无法让既定的目标与计划落到实处，像这样的团队肯定是难以取得较好的销售业绩的。对此，作为管理者该怎么办呢？唯一解决的方法，就是要学会相应的布置与监督工作的策略和技巧。

1. 要想计划落到实处，就应处理好策略与执行的关系…182
2. 改变方式，让团队成员乐于接受你的指令…186
3. 适当放权，给予有能力的人相应的权力…192
4. 把工作任务交给他们，就要相信他们能做好…196
5. 有效的跟进与监控，才能让销售员做得更好…200

203　第十一章
用激励与压力的双重奏激活下属的潜力

人的潜能是无限的，团队中的成员也是如此，要想让团队取得更好的销售业绩，你就必须想办法将他们的潜能激发出来，让他们变"被动"为"主动"，以更饱满的热情把每一项工作任务完成好。要到达这一目的，你在带领团队的时候，除了要给予团队成员相应的激励外，还应当适时地给他们增添一些压力。

1. 团队成员的工作表现大多与薪酬制度有关…204
2. 每一个销售团队都要有一两个"明星人物"…207
3. 把团队成员的销售业绩写在最显眼的地方…211

目 录
CONTENTS

4. 学会赞美能使职员变得干劲十足…215

219 第十二章
稳定是团队不断创造业绩的根本

身为管理者,有一点要注意,那就是你必须并且想办法让团队中的成员稳定下来,心甘情愿地跟着你干。因为,人才是团队最大的资产,而人才的稳定才是让你的团队不断地创造出优异业绩的根本。

1. 要防止人才流失,先要清楚职员跳槽的原因…220
2. 关心你团队中的每一个成员…225
3. 因事寻人,寻找到适合自己团队的人才…230
4. 该辞退就辞退,正确处理业绩差的销售员…235
5. 一定要给团队成员提供事业发展空间…239

243 第十三章
成功可复制,让业绩无限增长

现今的时代是一个依靠团队致胜的时代,更是一个讲究效率的时代。因此,在带队的过程中,我们要善于总结明星团队在销售中的成功经验,变为己用,形成自身团队特有的风格,并无限制地复制下去,才能简单而快速地让业绩无限增长。

1. 打造并维护分享交流的平台或者机制…244
2. 建立职员认同感传递团队文化…247
3. 从行为到意识:不断地向职员传播思想和理念…252
4. 强化团队成员的使命感,激活工作的内在驱动力…256

不懂销售管理，如何出业绩？

第一章
让你带一个销售团队，你准备好了吗？

《论语·卫灵公》中有这样的一句话："工欲善其事，必先利其器"，意思是说，我们要想做好一件事就必须提前做好相应的准备工作。同样，我们要想带好一个团队，也要提前做好相应的准备工作。事实上，不少的人就是因为忽略了这一点，而导致在带队的过程中出现了诸多的问题。

1. 从一位新晋销售经理的苦恼说起

A君晋升为销售部经理后，很是兴奋，觉得自己大展拳脚的机会到了，因此，他加倍热情地投入到工作之中，并在自己的团队中推行了一系列的改革计划，希望能把队伍带好，取得较好的业绩。虽说他十分地努力用心，但是现实的情景让他越来越感到手足无措。因为无论他采用充满人情味的柔情管理也好，还是严厉的制度管理也罢，就是不能提升业绩。

刚开始的时候，他觉得是自己刚坐上团队领导的位子，下属对他还有些排斥，过一段时间就会好的，也就是因为如此，他便积极主动地和下属处理好关系，并且什么事都带头走。例如，他会在下班的时候请下属到就近的餐厅吃饭聊天；会自己去开拓客户谈业务；当下属在业务上出现问题时，他去帮助解决……他这样做，虽说对下属有一定的影响，团队的整体精神面貌似乎也有所改观，但与此同时也发现自己陷入了一个怪圈，那就是每天有无数的事情要等着他去处理，比原来没有当上主管时还要忙还要累。

如果能够取得较好的业绩他也会感到欣慰，但是他努力了近三个月，团队的业绩并没有什么实质性的提升。现在的他越来越烦躁，越来越纠结，不仅仅是因为他自己对目前的状况感到焦急，更为重要的是，公司的领导已经找他谈了好几次话，并在言语之间透露出业绩再不能提升的话就要请他另谋高就。

在这个世界上没有哪一位团队的管理者不希望把团队带好，希望自己的团队能不断地取得优异的业绩。他们同样会跟A君一样通过各种方法去

第一章　让你带一个销售团队，你准备好了吗？

管理团队，以求能获得更好的业绩，而结果呢？他们同样面临着如同 A 君一样的局面。

如何带好团队、提升团队的整体业绩，可以说是每一个团队管理者共同面临的难题，它不仅仅直接决定了团队管理者个人的成就与发展前途，同样也决定了整个团队的命运。可以这么说，如果他们不能够领导好团队，取得较为优异的业绩，就不可能在这个位置上坐稳，得到更好的发展。因为在现今依靠团队致胜的时代，仅仅凭借个人的能力与努力取得的成就始终有限。当他们不能带好团队，取得较为优异的业绩，就会失去带领团队的机会。这就是现实，一个我们必须认清的残酷现实。

那么，当我们有机会成为一个销售团队的管理者时，如何才能带好团队，取得好的业绩呢？以下，就是我们在成为团队管理者时必须持有的态度。

认识到问题是必然存在的，并有解决的决心

不管是新组建的团队，还是成立有一段时间的团队，都会在不同程度上存在着这样或者那样的问题，这是我们作为团队管理者必须认识到的一点，更重要的是，还需要拥有解决这些问题的勇气与决心。事实上，很多团队的管理者之所以不能领导团队取得较好的业绩，其中最根本的原因，就是在于此。在我们的身边就累累发生类似的事，同一支团队在不同人的带领下，有可能会成为一支超强的团队，也有可能成为一支毫无生气的垃圾团队。

为什么会这样呢？你要知道如果面对的市场环境、销售的产品以及团队成员都是一样，唯一不同的就是带领这支团队的人不一样罢了。有的人可能会说，这是由管理者的能力以及所采取的管理方法决定的，其实，你只要略加分析，便会发现他们的能力相差无几，而采取的管理方法也没有多大的差别。决定是不是能带好队伍的最大差别，就是能否坦然地接受团

队会出现的问题，并有勇气和决心去解决。

观念决定行动，有什么样的认知便会有什么样的行动。当我们在思想上有着上述的认知，形成了上述的观念后，便能够摆正自己的心态，积极主动地去寻求解决的方法和技巧。"天下无难事，只怕有心人"，只要我们拥有这样的决心和勇气，就能找到有效地方法去解决团队所面临的问题，带领团队朝更好的方向发展。

当然，我们还必须清楚认识到的一点，那就是公司领导让我们带这支队伍的目的，不就是为了让它取得更好的业绩吗？所以，从我们坐上这一位置的那一刻起，我们就必须认识并做到这一点。古语云："道要正基要实"，这就是我们带好团队带取得优异销售业绩的"道"，也是作为一个优秀团队管理者的根本。

销售目标的计划＋确保执行到位，是带好队伍的两个基本点

除了上面所说的之外，要带好团队，我们在带队的过程中还需要注意两点：销售目标的计划以及确保计划的执行到位。在实际的带队过程中，管理者的工作都是围绕着这两点展开的。

我们要知道一个团队就是一个整体，团队的强弱并不是由其中的一两个人决定的，而是在于全体成员的努力。说得更简单些，在一个团队中即便有一两个人的业绩十分优秀，而其他的人表现普通，团队的整体销售业绩也不会好到哪儿去。作为团队的管理者，我们要带好队伍，就必须让团队的整体业绩得以提升。怎么去做呢？如果你不能制定一个清晰的团队整体目标以及详细的计划，并把目标分配下去，团队的成员就难以真正地知道自己要做什么，而是会按照自己的想法去做，结果就可能出现整个团队的成员看起来很忙碌，但这种"忙碌"却是"盲碌"，不但不会取得你所期望的销售业绩，反而还会导致团队内部出现诸多的问题：例如工作只做形式、职员之间互相抢单等等。

第一章　让你带一个销售团队，你准备好了吗？

有些团队的管理者，在团队没能取得较好的业绩时，一个劲儿抱怨团队成员不努力，却不知道问题恰恰就出在自己的身上——团队没有清晰的整体目标以及计划。

团队成员的表现大多取决于管理者，有句话叫作"火车跑得快全凭车头带"，你没有清晰的团队目标，下属在执行时怎能不迷茫？团队成员一迷茫，业绩就苍凉了。当有清晰的目标后，管理者接下来所要做的事，就是怎么去确保团队成员执行到位。

所以，在我们带团队的时候，整体目标清晰，再加上执行到位，自然就能取得我们所想要的业绩了。如何能做到这一点，接下来的章节中所要讲述的就是这方面的内容。

激活团队成员的潜能，让团队成员能力得到最大的发挥

无论你带的是怎样的一支团队，人才才是团队能否做大做强、取得优异业绩的根本。作为团队的管理者，就必须让团队的每一个成员都动起来，激活他们自身的潜能，将他们的能力发挥到最大化。

现实中，很多管理者在带团队时，总是希望从外部招揽到杰出优秀的人才，而恰恰忽略了团队内部成员的激励与培养。暂且不说他们心目中优秀杰出的人才是否能找到，只想问一句，如果团队中一时之间没有那种人才，你是不是就不带这支队伍了，或者是直接将它解散呢？

其实，100%符合我们要求的优秀人才是很难找到的。优秀的团队管理者也不是因为他的团队成员原本有多么棒，而是在于有能力使原本表现平平的团队成员都变成精英。所以，从成为团队的管理者那一刻起，你就应该把目光聚焦到现有的团队成员身上，去公平客观地认识他们，了解他们的优缺点，并通过有效的方法激活他们的潜能，提升他们的业务能力。当你做到了这一点，你的团队也就成了一流的团队，自然而然地就会做出你所想要的业绩了。

2. 地位稳不稳，业绩是唯一的决定因素

业绩，当你坐上了销售部经理的位置，公司将整个的销售团队交付给你之时，你就必须想尽一切的办法做出业绩来，把整个团队的销售业绩提上去。否则，纵使你有再好的规划，同样不能在这一位置上坐稳。想想看，你连位子都坐不稳，还谈什么有能力带好一个销售团队，说什么必定会取得优异的业绩呢？

即便你有着全盘的计划，并只需要稍以时日就会提升整个团队的业绩，但是你要知道公司的领导是不可能给你那么多时间的，他们需要的是你和你的团队尽快地取得业绩，而且是越快越好。因为，对于任何一个企业来说，利润是其生存与发展的根本，而利润来自于销售部门，来自于销售部门的每一位工作人员的业绩。你成为这个团队的管理者，没有办法在较短的时间内取得令人可喜的成绩，在公司领导看来你就是不合格的。他们关注的只是结果，所要的也是结果，而评定你是否能胜任这一职位的还是结果，很少会有领导去关注你采取什么样的管理方式和方法。

这也就是说，如果你不能带领团队取得应有的业绩，公司的领导极有可能会考虑换人。

不能尽快地做出成绩，提升团队的业绩，不仅仅会有来自上层——公司领导的压力，同样团队的成员还会对你有看法，产生不满的情绪，进而给整个团队带来极其负面的影响。

为什么这么说呢？你要知道团队成员的薪酬是跟他们的业绩挂钩的。你带的销售团队如果不能够取得较为优异的业绩，势必会影响到他们所能

第一章 让你带一个销售团队，你准备好了吗？

获得的报酬。虽然我们常常说："工作不全是为了薪水""不要把眼睛盯在工资袋上"之类的话，但这并不是说工作不需要考虑报酬，团队成员可是指望着薪水生活的啊！而对于大多数从事销售工作的人来说，他们之所以选择做这份工作就是因为这份工作既充满了挑战，又可以获得更为丰厚的回报。这里的回报虽说并不是单指薪水，但薪水占着很大的比例。

当你无法带着团队取得较为优异的业绩时，团队成员会怎么想，又会怎么做呢？他们要么要求换领导，要么选择离职，即便没有上述的行为，他们也有可能是一时之间没有找到更合适的公司……总之，你所带领的团队就会因此而终结。

说这么多就是希望你能认清一个现实，一个可以说是许多团队的管理者所忽略的现实，即在你坐上销售经理的位置后，你能让公司的领导看到什么，让团队的成员得到什么。不然的话，你的规划、设计再好，公司的领导都不可能放心地把整个团队交给你，同样团队的成员也难以真正地信服你，跟着你干了。你别觉得像这样说太过现实，你或许忘记了，大多的团队成员是根据你现在对团队的把控力去判定团队未来发展的，在这种心理的影响下，他们会想：你现在都没能把团队带好，未来又怎么能带好，跟着你干又会有多大的希望呢？

罗恒，是我应邀参加一位主讲销售团队管理的讲师朋友的公开课时认识的。那个时候，他刚刚被提升为销售部门的主管，为了能够更好地带自己的队伍，他来听这次的公开课。在课后，他虚心地向我的那位朋友请教如何才能带好销售团队。讲师并没有直接回答，而是问罗恒准备怎么做。罗恒想了片刻，便把自己的想法一一说了出来，他说了很多，例如要设立一个让整个团队兴奋的目标、在薪酬上面要进行改进，还有流程等。在他说完那些后，讲师对他说："你说的这些都很好，但是忽略了一个'稳定'，这是很关键性的问题。"

罗恒一愣，随即问为什么。

我的那位朋友淡淡一笑，说："你首先应该考虑的是，怎样在现在的位置上坐稳，如果你不能在这一位子坐稳的话，可能连带团队的机会都没有，你的其他想法再好也是句空话，又何谈去带好团队呢？"

现实中有很多的团队经理跟罗恒一样，在刚带队伍时雄心勃勃，并对如何带好团队有着全盘的计划，但恰恰是因为忽略了"稳定"这一点，好不容易坐上了经理的位子，屁股还没坐热呢，就万般不情愿与这一职位告别，并抱怨公司的领导目光短浅、团队的成员没有理想追求之类的，真的是如此吗？相信你心中已经有了答案。

给你一个团队，要想带好，首先就要把位子坐稳，而要想坐稳就必须尽快地做出业绩。唯有如此，你才能让公司的领导和团队的成员看到希望，团队成员才会心甘情愿地跟着你干。要想做到这一点，就必须注意以下几点：

先做后说，做给团队成员看

要在这一位子上坐稳，你就必须得有几把刷子。首先要自己做出一定的业绩来，当你在这个位子上，团队成员就会按照你的指示去做事，但他们服从的不是你，而是职位的权力。也就是因为如此，当你在指派任务的时候，他们是很难执行到位的，不能执行到位又怎么能取得应有的业绩呢？

不少的团队经理就是因为没有意识到这一点，在坐上经理的位置后就开始向下属发布这样或者那样的指令。上下级之间本来就有着一定的对立情绪，下属虽然接受了你所交代的一切，但执行起来却大多是被动的，他们心里面可能会说："你指手画脚的，说起来容易，有本事你做给我们看看。"如此一来，你的工作又怎么能顺利开展呢？

你必须要让他们信服你，而怎样才能让他们信服呢？理所当然，就是你的业务能力比他们强，能取得比他们更好的业绩。这也就是说，当你在坐上主管或经理这一职位时，不要急于把自己摆放到管理者的位子，而是先跟他们一样去做些一线的销售工作。最好的办法是你可以带着其中的几位一块儿去做，当你在实际的销售过程中将自我的能力表现出来后，他们会看到并肯定你的能力，更重要的是这样做会让团队成员因此而佩服你，并且在他们心中留下"要想糊弄这位上司不容易"的印象。如此一来，就确保了你所分配下去的任务能执行到位。

当然，你不能什么事都自己去做，只需偶尔为之，让下属感受到你的能力即可。而应当把更多的精力放在团队的整体销售计划以及管理协调上，否则就本末倒置了，同样难以带好团队。

认同并尊重每一位团队成员

世界上没有完全相同的两个人，每个人都有着鲜明的自我思维以及行为方式。

不少的团队经理在刚坐上团队的管理者这一位子时，在实际的管理过程中，往往带着较为鲜明的个人特色，不能够冷静客观地去看待团队成员。换成另外一句话，就是一切以自我为中心，用自己的思维方式去判断团队成员的优劣，这是让许多的团队经理遭到团队成员的拒绝，并难以在管理者位子上坐稳的另一个主要原因。

因为，你这样做完全是对团队成员原来所做一切的否定。没有人喜欢被否定，当你在否定他人的时候，对方也在否定你。团队只有上下一心，才能焕发出巨大的战斗力，达到1+1>2的效果。你或许很优秀，但是你时时以自我为中心，又怎么能够让团队成员接受你、支持你，跟着你一起干呢？

此时，我们要做的不是急着去为团队成员制定标准要求，而首先要学会认同，去发现他们的优点，并尊重他们。当你接受他们后，他们自然就会接受你，并在你的领导下去开展工作。随着时间的推移，当他们完全接受了你之后，慢慢地就会达到你所提出的要求与标准。

适当给团队成员施压并从旁协助

做销售要的是什么，是激情与冲劲。一味迁就团队成员虽然能取得他们的好感，但同样会让他们产生疲态感，缺乏应有的激情与冲劲。因此，除了采取上面的方式外，我们还应当给予他们适当的压力。在传递这种压力的时候，最好是先提出标准和要求，后鼓励。例如，你可以这样说："小胡，我看你的业务能力不错，是不是挑战一下自己，把目标定高些，多5万肯定没什么问题，我相信你！"

像这样在肯定的同时下达一个更高的目标，大多的人都会接受，并且还会因为你的肯定而使得他们工作热情更高，最终往往能取得你意想不到的成绩。人才是鼓励和要求出来的，希望你能记住这句话！

当然，当他们在朝着你的要求目标奋斗时，难免会遇到困难，此时你要予以他们相应的协助，但是切记不可自己全部帮他们解决，而是给予对方提醒，让他们自己动手。当他们解决这些问题后，同样不能忽略表扬。你可以这么说："我就相信你一定能解决这些问题的，你看是不是？"你的这句话对他们来说又是一种肯定。当然他们自己心里清楚，没有你的协助，他们不一定能完美的解决问题，你没有说出来，他们会更感激你，并会死心塌地地跟着你干，因为他们觉得跟你干，有前途啊！

总之，当你在坐上团队管理者这一位子时，切忌不可一上来就"新人新作风"进行改革，而是应当先融入到团队之中，根据现有的一切去提升团队的业绩。如果你一上来就打破原来的一切，即便你的规划设计再好，要见成效仍非一日之功，更为重要的是，你的这种革新可能连原来所能取得的业绩都会被毁掉。因此，不可操之过急！

3. 你一定要对影响团队业绩的关键因素有所了解

要想解决问题，就必须知道问题出在哪儿。同样，要想提高团队的整体业绩，就应该知道究竟是什么影响到团队业绩的提升。现实中有不少的人对团队充满了抱怨，一提起自己所带的团队就觉得问题多多，然而你要他们说出个一二三来却又无法说清。

如同前面所说，每一个团队都会在不同程度上存在问题。团队管理者是否能够带好这一团队，并不在于这个团队存在着什么样的问题，而是在于团队管理者是否能正视这些问题，找到究竟是什么导致了这些问题的产生。唯有如此，才能将这些问题消灭，取得较好的业绩。

曾有位销售团队的主管就跟我埋怨，说自己的团队糟透了，团队职员工作散漫、不服从指挥，在接受工作任务的时候讨价还价……一句话，他的团队几乎一无是处。

在他抱怨完后，我问他："你既然知道了有这么多的问题，为什么不去解决它呢？"

他摇摇头说："你当我不想啊，可是这么多的问题一时之间能解决好吗？说真的，我没有那么多的精力。"

在很多的时候，我们不少的管理者就如同上面所说的那位一样，能发现团队中存在的问题，同样也会想办法去解决这些问题，可结果却是越解决问题越多。为什么会这样？简单来说，他们只会为了解决问题而去解决问题，这样做只是解决了表象，没有发现引起问题的根源，并想办法来化解。从而在解决了一个问题后又会有一个新的问题出现，陷入到无限的问题包围之中。这就像是一台电脑的主板坏了，与其他的零件不能兼容，就会出现无法开机、显示屏不能正常显示等诸多的问题，如果不把主板的问题解决了，而是换显卡、电源或者是其他的零部件，虽说某些问题在一时之间得到了解决，但用不了多久便会又有新的问题出现。

要解决问题必须从源头抓起，善于发现产生问题的最直接原因。如果一味地停留在问题的表象上，就有可能会引出更多的问题。

产品或提供的服务问题

当你所带的销售团队业绩不佳时，你首先要考虑的就是产品或提供的服务出现了问题。现实中，许多的销售团队业绩难以得到提升，有很大的一部分原因便在于此。而很多的团队经理却没能认识到这一点，一看到业绩提升不上去就认为是销售职员工作态度不端正，没有拿出全部的热情去工作。事实上，出现这样的问题不是销售职员多做努力就能解决的。这就像是你用手机拨打电话，对方不在服务区，你就是把手机打得发烫也不可能有人接。

你必须要认识到这一点，然后收集销售员所反馈回来的信息，认真进行分析，尔后上报给公司的领导，让他们对产品或者所提供的服务进行重新的规划，找准正确的产品市场。

团队管理者的问题

以上说的都是跟公司的整体战略规划有关的，而接下来要说的便是作为团队的直接管理者——你的问题了。一个团队的整体表现，其实是管理者个人精神状态的折射。当你发现团队的成员出现问题时，首先要做的不是去处理那些问题成员，而是要将目光放到自己的身上，看看是不是自己在哪些方面做得不到位。

优秀的团队管理者在团队出现问题时，都会先从自己的身上找原因。

此时，你可以问自己几个问题：

1. 你是否常常以一种高高在上的姿态去命令你的团队成员。
2. 你是否在团队成员向你提出建议的时候，一口否决。
3. 在团队成员犯错的时候，你是否不问任何的缘由就是一顿批评。
4. 你是否自己经常性迟到早退，而团队成员出现一次就被追责。
5. 你是否对待业绩好与业绩差的团队成员完全是两种态度。
6. 不管团队成员能否做到，你是否都要求他们一定要做到。

对着上述的问题仔细地检讨一下自己，如果你的回答大部分是"是"的话，就不要先责怪你团队的成员了。因为你没搞清状况就先去责怪他人，这在无形之中便拉开了你与团队成员的距离，更不可能让团队成员真正地接受你，并服从你的指挥。"带人带心"，请记住这句话，当你在追求提升团队整体业绩时，就必须让团队的成员从心里面接受你，把你当成是自己人。

团队的规章制度问题

没有规矩不成方圆，团队作为一个组织必须要有一定的规章制度。在带队伍的时候，你还要看看有的规章制度是不是存在问题、有的规章制度是不是公平合理以及团队的成员能否做到。你千万不要对此忽略，规章制度会对团队成员乃至于整个团队产生影响。例如规章制度定的过于严格，大部分的人难以做到，就会让团队的成员产生抵触的心理，出现"上有政策，下有对策"的情况，最终让规章制度成为一种摆设。再例如，绩效制度不合理，缺乏公平性，就会打消团队成员的工作积极性，让他们觉得做多做少都一样。

没有了热情，销售员能好好工作吗？销售员不努力工作，你所带的团队又怎么能出好的业绩呢？可见，制定出有情有理的规章制度是保证一个团队提高整体业绩的前提。

团队成员的工作态度以及业务能力

　　团队的整体业绩是团队成员个人业绩的总和，而态度与业务能力则是决定个人业绩高低的关键。一般来说，态度好又有业务能力的团队成员往往可以取得较好的业绩；态度好但业务能力较弱的团队成员虽说取得的业绩可能不会很好，但偶然会创造出好业绩；态度不端正却有能力的团队成员所取得的业绩大多十分不稳定，有时高得让人难以置信，有时则低得让人无语。

　　作为团队的管理者，在带队伍时，要想提升团队的整体业绩，就必须想办法端正团队成员的工作态度，提升他们的业务能力。那么，是什么原因导致了团队职员工作态度不端正，以及业务能力得不到提高呢？

　　首先是态度，除了前几章所说的几点原因会给团队成员的工作态度带来影响之外，还有最为重要的一点，那就是他们是否能够正确地认识到销售工作的意义与责任。要想带着你的团队取得较好的业绩，就必须解决团队成员的这一问题，让团队的全体成员以一种正确地态度面对销售这份工作。

　　其次是业务能力。团队成员的业务能力得不到提高，除了跟自身有一定的关系外，还有一点在于作为团队管理者的你是否注重引导。一个人拥有什么样的能力以及能力的高低不是天生的，而是在学习和实践中不断累积的结果，销售团队成员的业务能力也是如此。你千万不要以为每一个团队成员都会自动自发地成长为业务高手，而是要给他们提出要求，去教他们，给他们提供学习的机会，鼓励他们大胆地去做，并帮助他们总结成功或失败的经验。说得简单一些，那就是作为带队人的你，应该用一种发展的眼光去看待团队中的成员，并给他们提供成长的机会。

4. 用一张纸了解及规划你的团队

要带好团队,作为团队的管理者,就必须对自己的团队有一定的了解,并且在此基础上做出规划。成功的团队管理者与失败的团队管理者之间最大的区别就在于:前者能很好地做到这一点,而后者虽很想把团队带好,也有着自我的规划,但因为忽略了对团队现有状况的了解,以至于所做的规划难以实施到位,不仅未能使团队朝好的方向发展,反而陷入到一种尴尬的困境中。

张晓阳,是一个很有想法以及冲劲的人,当他接任销售部门经理后,便给整个部门提出了一系列的要求。虽说有要求是好事,但是他的这些要求对于目前的团队现状来说未免有些不相符——要求太高。有人便婉转地给他提议,建议他是不是能够考虑一下团队的实际情况,是否可以做适当地调整。张晓阳不仅没有采纳这些建议,反而更为严格地要求每一个人都要做到。

令他没有想到的是,就在他接任销售部门经理一个月的时间里,销售部的大部分同事提出了辞职。出现这种情况,张晓阳还是不以为意,反而觉得这是件好事——淘汰一些经受不住压力、没有冲劲的销售员,以便吸纳到更适合这个团队的成员。张晓阳的想法倒是挺好,但事实却是原来的人都走了,又没有新的成员加入,以至于影响到整个团队的运营,所能取得的销售业绩就更不用说了。公司领导对他的表现也不甚满意,在苦苦支撑了几个月后,他自动选择了离职。

现实中类似张晓阳的人不在少数,他们虽然有着强烈地将团队带好的意愿，但往往过于理想化，不能积极主动地了解自己所带的团队，更不会客观冷静地进行分析，而是以自我的主观意愿行事。这样一来，不仅仅难以让团队成员的优势发挥出来，反而还会遭到团队成员的拒绝与反抗，最终的结果可能会打破团队原有的稳定，导致出现混乱。

一个团队要有所发展，稳定是必不可少的前提。《论语·卫灵公》中有这样的一句话，"工欲善其事，必先利其器"。我们在了解团队的现有状况的基础上予以规划，就是利其器的过程。

说了这么多，我们怎样才能对自己所在的团队有着较好的了解，并在此基础上做好整个团队的发展规划呢？只需要一支笔一张纸，就可以简单地做到这一点。

如何用一张纸了解团队的基本状况

在了解团队现有状况时，我们主要了解的是以下三个方面的情况。

1. 所推销的产品以及提供的服务

这方面主要看针对的是什么市场、前景如何、是否有发展空间、客户群体是谁等。

2. 规章制度

这方面要了解的是，团队现有一些什么样的规章制度、执行情况、优缺点在哪儿、是否可以改进等。

3. 团队成员

这方面是我们所需要了解的重点，其内容也很多，包括每一个团队成员的性格、基本家庭情况、兴趣爱好以及特长、以往的业绩表现等。

为了能够更好地做到这一点，我们可以借用下面的表格来完成。

表一：产品或服务基本情况表

产品服务名称	优点	不足之处	市场定位	客户群体	竞争产品基本情况	未来发展空间

表二：规章制度基本情况表

规章制度名	目的	执行情况	团队成员的反应	所带来的影响	是否有不合理之处	备注

表三：团队成员基本情况表

姓名	性别	年龄	学历	家庭基本情况	兴趣爱好	特长	以往业绩	性格	备注

如何用一张纸去做好团队的规划

我们将上述的表格一一填写完毕，就对团队的整体情况有了一定的了解，便能根据实际情况对团队的未来发展做一个较为适宜的规划了。在规划的时候，我们同样可以采用表格形式。

表一：产品以及服务规划表

产品服务名	市场可改进的地方	可行性以及步骤	推销以及方式的改进	可行性以及步骤	最终目标	备注

表二：规章制度规划表

规章制度名	可改进的地方	实施步骤	最终目的	备注

表三：团队成员基本情况表

姓名	需要改进的地方	方法与步骤	最终目标	备注

对团队了解的越多就越容易带好团队

我们是否能把团队带好跟对团队的了解程度有着直接的关系，可以这么说，对团队的了解越多我们就越容易把团队带好。这就像是我们在使用

第一章 让你带一个销售团队，你准备好了吗？

单反相机，同样是拿着单反相机，不同的人拍摄出来的相片却有天壤之别，这其中有一个极其重要的原因，就是使用者对相机性能的了解程度，倘若使用者对单反相机的性能不甚了解，即便是再有艺术天分，再懂得构图等，所拍出的照片依然不会好到哪儿去。

同样道理，很多销售经理未能带好团队，并不在于他们不想带好，也不是他们的能力不足，而是他们忽略了对团队现有情况的了解，以至于在领导团队以及做团队整体规划时，做的方案和想法并不适用于现有团队。

适合就是最好的，这句话相信每一个人都明白其中的道理。销售经理在带队的时候，只有采取适合的管理方法以及制定合理的发展目标，才能带领团队朝着更好的方向发展。说得简单些，就是我们在带队的时候，不是把目标定得越高就能取得越好的业绩，而是在于目标定的是否合适。了解所带的团队，并在此基础上做好规划，是我们在带团队时所必须做的准备之一，也是销售经理们日后带队的基础。

不懂销售管理，如何出业绩？

第二章
CHAPTER

跳出"以制度管人"的怪圈

　　作为团队，少不了的就是规章制度，在企管界也盛行着"按制度管人"的说法。大多的销售经理也认为制定规章制度就是用于约束团队成员的行为，然而令人遗憾的是，有些销售经理在带队时，虽说制定了各项规章制度，可是似乎对团队的发展并没有什么促进作用，反而还会带来负面的影响，为什么会这样？这是因为对规章制度的认识有误区。那么，制定规章制度的真正作用是什么呢？

1. 制度与团队成员的工作力——约束还是激发

俗话说得好："没有规矩，不成方圆"。当一个团队在没有完善的规章制度的约束下，整个团队就难以从特殊、不固定的模式，转化为被普遍认可的固定化模式。可以这么说，设立完善的规章制度，将团队制度化，是团队发展、成熟的过程，同样是整个团队规范化、有序化的变迁过程。当规范化和制度化相加，就能造就一支优秀的团队，使职员朝着团队期望的方向发展。事实上，在我们的身边有许多的团队，它们之所以能够在激烈的竞争环境中战胜对手，一步步做大，其中就有一个很重要的原因——拥有完善的规章制度。

有一家公司的老板总是骄傲地说，他公司的新产品根本不用试生产，只要推出市场，就会有大批订单。为什么他能说出如此不谦虚的话语？原来他们开发任何新产品，都运用了一种管理制度。这种制度以用户需求为核心，共有产品定位、设计、评估、销售四方面289个环节，通过对大量数据和反馈信息的不断调整，确保了该公司的产品一经面市，就能满足用户的需求。正是凭借着一整套科学严密并行之有效的管理程序，该公司很快便领导了世界文件处理的新潮流。

在提到规章制度时，著名的经济学家吴敬琏就曾说过："推动技术发展的主要力量不是技术自身的演进，而是有利制度的安排。"上面所说的那家公司就很好地证明了这一点，让我们进一步知道了，规章制度在建设团队中的重要性。

然而，在现实中却出现了一种较为奇怪的现象：不少的团队虽然有着

第二章 跳出"以制度管人"的怪圈

明确的团队规章制度,规定的内容条款也十分详细,但是并没有起到应有的作用,反而让团队的成员心存抱怨,并且约束了他们个人工作能力的发挥。这究竟是怎么回事呢?

其主要的原因在于,我们的团队管理者在制定规章制度的时候,出现了问题,只是从自我的意愿出发,并没有考虑到团队成员的感受,以至于制定的规章制度根本无法得到团队成员的认同。

在《老子》中有这样的一句话:"圣人无常心,以百姓之心为心"。意思是说,圣人没有固定不变的意志,把百姓的意志作为自己的意志。在中国古代,许多著名学者都认为,国家的繁荣富强源于群众的支持。历史也告诉我们,国家或制度可以凭借强权、通过武力得以建立,但要让国家兴旺发达、制度立竿见影,必须要得到人民群众的认同和支持。

团队管理者运营企业也是同样的道理。我们评价团队管理水平的一个关键指标,就是团队管理制度是否能有效发挥作用。许多管理学家针对团队管理制度有效性进行了深入的调查研究,结果发现职员对团队管理制度的认同程度和团队管理制度发挥的作用具有着不可忽略的影响。这一结论在一定程度上印证了马基雅维利的管理原则:权力是自下而上的。这和许多团队管理者秉持的自上而下的层级管理恰恰相反。

这就告诉团队的管理者们,在制定各项规章制度时,要转换观念,进行换位思考。在制定管理制度时一定要广泛听取职员意见,求得职员心理上的认可和支持。唯有如此,管理制度才能在职员中间得到更加有效的执行,发挥到应有的作用。

要做到这一点,我们就要注意以下方面。

管理者要主动转变观念,站在职员的角度思考管理问题

在国内,许多公司在运营管理中经常制定费力不讨好的政策。公司的管理者为了提升工作效率,移植同行的先进管理经验,以健全自身的管理制度。结果往往是管理者花了大量的精力、消耗了大笔金钱移植过来的先进管理经验，却得不到职员的认可。职员产生抵触情绪，麻木的应付与顺从，让先进的团队管理制度形同虚设。深究原因，就在于制定管理制度的过程中只注重了管理层的感受，而没有从职员的角度出发考虑问题，这样，再好的规章制度都难以实现有效管理。

建立双向沟通机制，畅通职员与管理者的沟通渠道

有效沟通，能提升职员的工作效率，融洽工作关系，及时反映和解决问题。随着时代的发展和实践的深入，再科学有效的管理制度，也会逐渐暴露出问题。为了不断健全和完善团队的管理制度，让制度发挥最佳效果，就需要团队的管理者与职员从思想、语言等多方面进行沟通交流。建立沟通机制，需要明确沟通的形式、频率，以及团队成员的沟通职责。在建立和下发各项管理制度之前，管理者要先通过沟通渠道，了解职员的态度，吸纳职员的意见。当职员向部门提出可行性建议，并被采纳时，管理者要对职员进行奖励。

要以人为本

管理者认为，制度要具有权威性才能有效约束团队成员，因此在拟定制度条文时，可以采用严峻语言和刚性要求。在规章制度的组成中，"刚性"制度确实是非常重要的部分。但"刚性"制度的实施范围最好只针对团队运营管理的核心领域。如果任意扩展，就会让"刚性"制度失去以人为本的特色，缺乏弹性。因为，规章制度的作用对象是团队成员，如果失去人的本性，就难以发挥规范作用。

要有明确的针对性

规章制度大致可分为两类，综合类和单项类。无论建立哪一类规章制度，首先要明确各项条款的具体针对对象。"的必先立，然后挟弓注矢以从之。"管理团队，就像古人射箭一样，首先要有明确的目标，制度才能围绕目标实现管理目的。制定规章制度，要主题明确，逻辑分明，细化措施。这样，规章制度才能成为有效规范的工作准则。反之，团队成员会感到工作标准模糊，在工作时犹豫不决从而降低工作效率。

要有可操作的现实性

规章制度可操作，指的是制度流程清晰合理、考核方式简便易行、在明确的授权范围之内。许多的团队管理者在制定制度时，缺乏对制度执行的现实考虑。有的团队制定了过于严苛的惩罚措施，以至于当团队成员违反制度面临惩罚时，管理者本身都认为措施太严苛而不能实施。不能实施的制度不是规范条例，而是贴在墙上的一张废纸，失去了规范作用的权威性。所以，良好的可操作性是保证规章制度具有权威性的重要基础。

2. 必须让职员了解制定规章制度的真正目的

没有人喜欢被管束。虽说制定规章制度的目的是为了能够让团队朝着更好的方向发展，但是团队的成员并不一定这样想，他们有可能会觉得团队经理是在拿规章制度压制他们。因此，常常会给团队经理这样一种感觉：你所苦心积虑制定出来的规章制度，在团队成员那儿得不到应有的反映，他们之所以选择遵守规章制度，也不过是"人在屋檐下不得不低头"的一种无奈之举，更有甚者可能表面上看起来是在遵守各种规章制度，实际上有些行为却是钻了规章制度的空子。

在现实的团队管理中，很多的团队经理会遇到这样一种情况，那就是所制定的各种规章制度确实可行，并且推行下去也非常有利于团队的发展，但让他们感到疑惑的是，像这样好的规章制度却无法得到真正地执行。在这儿你不妨仔细想想，当你为了激励团队成员的士气，颁布一些相关的规章制度时，你所在团队的成员会有着什么样的反应呢？

汪刚，在担任销售部主管一个月后，为了能够提升下属的积极性，他决定根据实际情况对原有的一些不合理规章制度予以改正，并在一次晨会上公布。当他问是否有人对此有别的建议时，没人说话，他便宣布从现在开始起就按照这些规章制度执行。

在制度颁布的第二天，就出现有人违反的情况。他把这个人叫进办公室，问为什么。对方只是呵呵一笑，说忘了。他沉默了片刻，以为下属只是一时之间难以接受，用不了多久就会习惯的，这样一想也就原谅了对方，并警告他下不为例。但是没有想到的是，接二连三的有人违反。为了

第二章 跳出"以制度管人"的怪圈

确保制度得以贯彻执行，他采取了较为严厉地措施，即只要有人违反便按照规章制度严格地惩罚。果然，在他这种强有力的措施下，再也没有人轻易违反新的规章制度了。有天，他偶然听到几个下属的议论："闲得没事，就知道拿规章制度来压我们"，"我真的不知道他怎么想的，那些规章制度有什么用"，"算了，他爱咋地就咋地，你没听说'上有政策，下有对策'吗"……

当听到这些的时候，他整个人都震惊了。

大多数的情况下，不管你所颁布的规章制度如何有利团队和团队成员个人，团队的成员都会有着类似上面的表现。无疑，这都会给团队经理带来阻碍，难以让你真正地把队伍带好，更难以提升团队的整体业绩。

那么，我们怎样才能有效地解决这一问题呢？这就要求我们必须让团队成员对规章制度有一个正确地认识，让他们明白规章制度的制定并不是针对某些人，或者是约束团队某个成员的，而是为了能够让团队成员的行为更为标准化、合理化，让团队成为一个和谐统一的整体，每个人都发挥出自我的优势，朝团队的共同目标前进。

走到团队成员中去，让他们开口说话

这是让团队成员真正接受并支持规章制度必须要做的事。就像是人与人之间的相处，团队成员是否会接受你，跟他们对你的了解成正比。他们对你了解越多，并知道你所做的一切都是为了整体团队以及在团队中的每一个成员的利益，就越容易接受、支持你。怎么让他们了解你呢？除了看你领导团队的工作能力之外，还有一点不能忽略，那就是看你是否注重与他们的沟通交流。

有不少的团队管理者在带队伍的过程中，虽然很想把团队带好，所做的一切也是在为团队的发展与团队中的每一个成员谋福利，但是却不能以正确地态度与下属沟通，甚至是很少沟通，即便是有所交流也是一副公事

公办，很严肃的样子。例如，在下达某项任务时，会说："那个客户你要抓紧点，越早给我结果越好。"还有的是，在颁布规章制度时，会说"为了整个团队能够朝更好的方向发展，我希望各位自觉遵守每一项规章制度"，这是在沟通交流吗？完完全全就是毋庸置疑地命令口气，即便他们对你的决定有所异议，也会因为你是管理者而沉默，因为他们不会轻易给自己找麻烦，而是会选择在一旁观望，看清实际情况后再做出相应的反应。

团队经理必须改掉这种公事公办，带有命令或者高高在上的口气，而是应该把自己放在与普通成员平等的位置，不仅仅让他们说，还应该让他们主动开口说。例如，在你准备对现有的规章制度加以修订时，可以先试探性地问他们对团队有什么好的建议，鼓励他们说出来。值得注意的是，你在这么做的时候，要有一个前提，那就是他们已经接受你，否则的话，就有可能适得其反。

寻找合适的机会，让他们了解规章制度的重要性

不要觉得这么做麻烦或者认为自己是他们的上司没有这种必要，更不要觉得下属自己会去了解的。即便是他们真的会去了解，你也要这么做。你这样做，既是让他们体会到你对带好团队的决心，也会让他们感受到你对于他们的尊重。

当寻找到合适的机会时，你可以在私下里跟他们说，也可以先对团队中部分人说。你在言语中应让他们知道新的规章制度跟原有的规章制度之间的不同，实施新的规章制度对整个团队以及个人所带来的益处。要充分说明这一点，最好的方式就是向他们讲述一些规章制度对于团队促进的经典案例。当然，你也不要忘记让他们支持你，给其他的人做出榜样。

任何的规章制度要得以推行、实施，都会遇到一定的阻碍。减少阻碍的方法就是让其中一部分人带头遵循，其他的人看到后，也就自然遵从了。因为，在团队中真正对颁布的规章制度反对的只是少数，大多数都会处在观望中看其他的人会怎么做。

循序渐进，规章制度颁布后给职员心理缓冲期

当你已经让团队成员明白了制定规章制度的重要性，让他们知道了制定规章制度的目的是为了能够让团队朝着更好的方向发展后，也千万不要以为规章制度一颁布，团队的每一个成员都会自觉遵循。

要想让规章制度真正地发挥作用，就应该设置一个合理的缓冲期，采取软硬兼施的方法，在有人违反时，既要重申纪律的重要性也要予以相应的处罚。因为，一味地给他们做思想工作，会让他们觉得公司的规章制度遵不遵循都无所谓，缺少威慑性，而太过严厉，又可能会引起团队成员的对抗，这都会对规章制度的实施带来影响。

3. 有效制度的3个关键点：简单、明了、能执行

有这样一个故事：

有一个爱好文学的年轻人，花了很多的精力写了一篇文章，洋洋洒洒有上万字。他写完后甚是满意，便拿给当地一位在文坛上较有名气的人看。他觉得对方肯定会夸奖自己几句，没想到那位在看完文章后，皱着眉盯着年轻人看了许久，过了半天后才问了一句："你能告诉我写的是什么吗？"

"我……"年轻人结结巴巴地把这篇文章所要表达的意思说了出来。

那位看着他笑了，接着问道："那么，你觉得你写了这么多，所要表达的东西表述清楚了吗？"

年轻人听完后，再也没有说话。

仔细想想，我们一些团队的管理者在为团队制定规章制度时，不就像那位写了长篇大论却不知所云的年轻人一样，所制定出来的规章制度看起来十分详细，把该做的不该做的都说得很清楚，甚至连一些细节都考虑到了，他们觉得团队成员在看到这些条款后肯定会知道该怎么做。但事实上，这些规章制度大多难以得到真正地执行，最后成为一纸空文挂在墙上。

真正能发挥作用的规章制度并不在于条款有多少，规定得多么详细，而是在于颁布后，团队的成员是否能看得懂、做得到。事实上，那些真正能够发挥作用的规章制度，并不一定是写满了N页的各种条款，反而是那些看起来条款简单，实用性又强的规章制度。

规章制度的真正目的是什么？虽说规章制度在一定程度上对团队成员的行为有约束作用，但并非只是为了约束，最终目的是为了能够确保团队

第二章 跳出"以制度管人"的怪圈

更为有序地朝着健康的方向发展。当你在为团队制定规章制度的时候,势必每项条款都要做出明确的规定,想想看在实际中,团队成员每天所要面临的工作会有多少,再加上事情的可变性——最为明显的例子就是,销售人员在实际的工作中,因为所面临的客户不同,出现的情况千差万别。如果你将规矩定的太细,一切都要按照规章办事,不就是限制了他们的工作灵活性吗?除此之外,规章制度规定的条款太多,销售员也并不一定全部都能记住,连记都记不住又何谈能够做到,这岂不是又使得规章制度难以执行吗?

在我接触的若干销售团队中,有一个较为特殊的团队。它之所以特殊,就是在于没有其他的团队那样N多的规章制度,反而只简单的规定了上下班的作息时间,工作应该遵循的流程,以及考核奖惩等。或许,有的人可能觉得像这样的团队肯定没有规矩、有点乱。恰恰相反,这个团队的一切井然有序,而所取得业绩也出乎意料的好。

为何如此,这就是因为该团队的规章制度条款虽然少,但贵在简单、明了,团队的成员一看就知道自己哪些该做哪些不该做。在看完上述的这些内容后,你不妨仔细看看自己团队的规章制度,看看哪些条款太过于繁复,流于形式,哪些是跟团队的管理有着实际的关系,并且是销售人员能够做到的。

一个有利于你将团队带好的规章制度不是在于其内容的多少,而是在于团队的成员在看一眼后就能明白,并在实际的工作中能做到。说得更为简单一些,就是制定的规章制度能否做到简单、明了并且能执行。

制定的规章制度如何做到简单

我们大多数的管理者在制定规章制度的时候,都希望内容越详细越好,像这样把一些标准与要求写在纸上,理论上来说可以让团队成员更加清楚地知道什么该做什么不该做。可是在实际操作过程中,不仅仅难以落到实处，还可能会引起团队成员的反感。

因为，这些太过于细化的规章制度，所涉及的方面较多，有一些压根儿就没有任何的实际作用，更为重要的是由于每一条都规定的较死，也让团队成员内心深处感到一种难以言喻的约束感，甚至会让他们觉得自己不被上司所信任与重视。你不要觉得这是一种猜测，如果站在团队成员的角度去考虑，在做任何事情时都要有那么多的规章制度要遵守，心里会舒坦，会没有意见吗？

还是那句话，规章制度的目的不是为了约束人，而是为了让团队成员的个人能力得到更为有效的发挥。一旦让团队成员觉得规章制度是对他们行为的种种约束后，这种规章制度就注定了难以得到很好的执行。

永远别觉得规章制度的内容越多越好，而是应该考虑到哪些是必须要有的，哪些是真正地能够推动团队发展的。在制定规章制度的时候，你必须要考虑这两方面的内容，为了能够制定出简单而有效的规章制度，我们可以先做加法然后做减法，即首先将所需要的内容一条条写下来，然后按照最重要的、次重要的、重要的、可有可无的进行删选，把重要的内容留下来，切不可面面俱到。

让规章制度明了的方法和技巧

规章制度的"简单"，在于把最重要的内容留了下来，而"明了"就是使用最为简单、通俗并且实际的言语表述出来。要让团队的成员真正地了解内容，以及知道违反的后果，切不可使用一些模棱两可或者是空大的字眼，例如"不准迟到早退""上班时间不得做与工作无关的事"等。大多数的规章制度都会出现这样的字眼，前者"不准迟到早退"最好能将上下班的具体时间列举出来，把迟到早退所受到的惩罚写明白。而"上班时间不得做与工作无关的事"除了违反会有着什么样的后果外，还在于内容空洞，让团队的成员不知道什么才是真正与工作无关的事，最好能够把一

第二章 跳出"以制度管人"的怪圈

些与工作无关的事例举出来。

我们不少的管理者抱怨团队成员不遵守纪律，却很少知道，不是他们不想遵守纪律，而是不知道应该怎样遵守。

曾听过这样的一件事：

在公司里，一天该团队的主管发现有位销售员在上班的时间老聊QQ。他十分生气，便把这位销售员叫进办公室，问对方难道不知道公司规定上班的时间不能做与工作无关的事吗？对方听后，说："我没有做与工作无关的事啊！"

"你天天跟人聊QQ，还说没做跟工作无关的事？"

"我那是在跟客户沟通！"销售员一脸委屈地说。

在看完上述的事例后，你是否明白了呢？之所以出现这种情况，就是因为规章制度虽然做出了某些方面的要求，但是内容太过于宽泛，难以有一个确切地标准可以执行，让团队的成员不能清晰地知道什么是该做的什么是不该做的。

辨别规章制度能否执行的标准

至于规章制度能否顺利执行，你只需要问自己两个问题：这些内容是不是必须的，自己是否能做到。倘若这些规定连你自己都做不到，也就不要去要求你的下属了，请记住这句话"己所不欲，勿施于人"。

4. 制度一经颁布就等同于团队的"宪法"

常常会听到不少的团队管理者在埋怨，说自己团队的成员没有一点组织纪律性，团队的规章制度职员也都知道，但就是不遵循，这可能是现在团队中最为常见的一种现象。为什么会如此呢？一些团队的管理者在谈及这一点的时候，往往会说团队成员不自觉，思想水平较低……这些真的就是团队成员不遵循既定的规章制度，以及规章制度不能发挥应有的效应的原因吗？

绝非如此，作为团队的管理者，你要清楚地知道一点，那就是在这个世界上鲜有会自觉地遵循各种规章制度的人。原因很简单，没有人喜欢被约束，即便是团队中最为优秀的成员也是如此。值得注意的是，我们不少的管理者却忽略了这一点，总是自以为是地认为，只要规章制度公布后，团队的每一个成员都会自觉遵循。

团队的成员会自觉遵循吗？如果真的是那样的话，相信每一个团队都会秩序井然，也就不可能出现那么多的问题了。

要想带好团队，除了在制定规章制度的时候要有所注意外，还要在颁布后做到严格地执行，一切按照规定好的去办。说得简单一些，就是无论是谁都不能违反其中的规定，只要违反了就应该按章处理。在现实的带队过程中，不少的管理者虽制定出了可行的规章制度，甚至可以说如果全体成员都按照这些规章制度行事，团队势必会朝着健康地方向发展，但就是因为没能采取有效的手段保障规章制度得以贯彻执行，最终让这些规章制度成了一纸空文。

第二章 跳出"以制度管人"的怪圈

道理说出来，人人都明白，但具体要怎么做，很多的人就感到有些手足无措了。事实上，要想让规章制度发挥应有的效用，我们就必须要知道，一个团队的规章制度就像是一个国家的宪法，神圣不可侵犯，是身处在这一团队中的每一个人必须遵循的行为准则。

违者必究，用铁拳来维护制度和纪律

规章制度颁布后，看团队成员能否遵循，其中一个很重要的因素，就是管理者是否能够采取有效地手段维护制度的不可侵犯性。虽说在今天，我们提倡的是人性化管理，要求管理者具备一定的亲和力，不可太过于严厉，但这并不等同于无原则性的宽容和温和，尤其是在组织纪律面前，采取较为温和的手段就更不适宜了。

为了确保规章制度有效执行，在颁布的时候，就应该跟团队成员说明，纪律就是纪律，是每一个人都应该遵循的，不管谁违反了都要受到处罚。当向团队的成员充分说明了这一点后，一旦有人触犯了纪律，不管对方跟你的关系怎样，也不论有什么原因，都必须先按照规章制度的规定进行处理。可惜的是，不少的管理者在颁布规章制度的时候显得十分严厉，而执行的时候却又过分温柔，常常会做出相应的让步。这样做，虽说可能会获得团队成员的好感，但如果一再做出让步也就令规章制度失去了应有的威慑性，当然其约束性也就更无从谈起了。想想看，当团队的成员违反了规章制度之后，他们只需要向你解释一下缘由，你便不再追究，他们又怎么会自觉遵循，又怎么不会在违反后去寻找理由和借口逃脱处罚呢？一旦他们养成了这样的习惯，那真的就是"上有政策下有对策"了。

确保公平公正

除了要用铁拳来维护规章制度的权威性外，还需要做到公平公正，即在规章制度面前人人平等，无论是谁违反了规章制度都应该严格的按照规

定执行，切不可因为某位成员平时业绩出色，或是跟你的私交较好便大开方便之门。否则，不但会使得规章制度丧失原有的效用，还可能令团队陷入一种混乱状态，给团队的发展带来不利的影响。这也就是说，我们要想规章制度发挥应有的作用，就应该让每一个团队成员都知道：在纪律面前人人都是平等的，做得好就值得表扬，该给予奖励；做得不好就自然要接受惩罚。

为了确保规章制度的公平公正性，作为团队的管理者在实际的带队过程中应注意以下三点内容：

1. 从自我做起，为团队成员做表率。作为团队的管理者，要让规章制度得以执行，首先要做到的就是自己要带头遵守，不要以为自己是团队的管理者而有相应的特权。

2. 摒弃个人好恶，平等地对待团队中的每个成员。在人与人的交往中，我们总是倾向于跟自己个性相近的人交往，这是人的共性。但是作为团队管理者，在面对团队成员的时候，你要尽量地避免受到这种共性的影响，而是平等地对待团队中的每一位职员。如果，你依然按照这种方式与团队中的成员交往，即便你并没有厚此薄彼的意思，但同样会让一部分的成员感觉受到冷落。如此一来，即便是你严格地按照规章制度办事，同样也会让某些成员觉得其中可能有"猫腻"。

3. 注意自我言行，调整情绪，多与那些被你冷落的职员沟通。事实上，在与人交往的过程中，没有人能够完全做到不受个人喜好的影响，即便是管理者也是如此。对于那些你无意之间冷落的团队成员，尤其是曾经与你意见相左的团队成员，你就更需要注重自己的言行，在调整好自己的情绪后多与他们沟通，增进彼此之间的了解，以此来防止可能引起的人际关系的隔阂和误会。当你们之间的隔阂与误会消除之后，职员也会意识到自己既没有什么特权也并非不受重视，也就自觉地遵循各项规章制度了。

坚决执行，要让每个人都能做到

就跟前面所说的一样，团队的规章制度颁布后就等同于团队的宪法，必须严格地执行。然而，在现实中常常会出现这样的一种情况，无论规章制度制定的如何合理都会遭到部分职员的反对，尤其是在某一项新的规章制度颁布时。此时，有的团队经理就会优先考虑到团队的稳定而延缓新制度的实施。

你是不是也遇到过类似的事，并也做出让步了呢？在这儿要告诉你的是，规章制度一经颁布就必须严格执行。不然的话你虽然一时不会被孤立，但是也有可能在不远的将来被孤立，更重要的是你现在颁布的规章制度如果无法执行，有可能以后很多的规章制度也都会无法执行。

说到底，真正对此反对的人是少数，大多数的人会因为受到他人的影响而反对。只要你采取有效地措施，让那些少数反对的人认识到规章制度不可侵犯后，那些附和的人也就没有什么意见了。

要想带好一个团队在适当的时候就需要一些强硬的手段，这样做虽说在一时之间得不到团队成员的好感，但随着时间的推移，团队得到健康稳定的发展，取得较好的业绩时，他们就会明白你当初的苦心。

在这儿要跟你说的是，你没有什么值得担忧的，只要你是真心地想把团队带好。

不懂销售管理，如何出业绩？

第三章 CHAPTER

时刻记住：你现在是团队的管理者

有一句话叫作摆正位置好做事。作为团队的管理者，无论在什么时候，什么场合，都应该始终记住自己是团队管理者，用一个管理者应有的标准来要求自己，做该做的事，说该说的话。在这儿，你不妨想想看，如果连你自己都搞不清楚应该做什么，团队的成员又怎么知道该如何做呢？

1. 重新认知团队管理者的角色定位以及作用

如果让你带领一个团队，你知道应该扮演什么样的角色，并要发挥什么样的作用吗？如果此时你的脑海里没有一个清晰而明确的答案，想要把队伍带好，很难。现实中，有许多的团队管理者不能把团队带好，往往不是因为自身能力不足，而恰恰是因为无法摆正自己的位置，扮演好自己的角色。

曾经接触过这样的一个团队管理者，他个人的能力十分突出，工作热情也非常高。在日常的工作中，他总是身先士卒地冲在第一线；下属在工作中稍微遇到些困难，一时之间不能解决，他便自己去替下属解决。工作的时候他就像是个战士，工作之余跟下属在一起他就像是哥们儿，经常跟同事聚在一起吃饭或者卡拉OK，在他的带领下，整个团队的气氛倒是融洽，但业绩却怎么也上不去。

一天，他替下属处理完工作回到公司，屁股还没坐热，领导就来跟他说有位老客户打电话来反应情况，希望他能及时予以处理。他听后先是一愣，随即说："好的，我现在就去。"说完，便起身准备自己去处理。

公司的领导疑惑不解地看着他，叫住了他，问："你是这个团队的领导吧！我想公司花那么多的钱聘请你来，不是要你做这些事的吧！"

他在听到领导的话后，脸红到了脖子。

团队，就像是一件精密的仪器，只有所有的零部件都放在对的位置上，才能顺利地运转。作为团队的管理者，不仅仅要对下属进行明确地分工，更重要的是首先应该知道自己在这个团队中所处的位置，和应发挥的作用。

案例中的这位团队经理，是现实中无数的团队经理的缩影。他们个人的能力很强，尤其是业务能力比普通的职员要优秀得多。但要记住的一点是，无论团队经理自身的能力如何优秀，如果不能放在正确的位置上，发挥出应有的作用，就已经注定了他所带的这一团队难以有着较好的发展。

某种程度上来说，团队的管理者如果无法摆正自己的位置，扮演好自己的角色，就会引起团队管理以及日常运营的混乱，此时团队经理在工作时就会让职员无所适从，团队里工作秩序混乱，又怎么能要求职员将潜能发挥出来，取得更为优异的业绩呢？

试想，一个由不同的人组成的团队，假如没有明确的分工，不能相互协助配合，怎么能发挥出1+1>2的效果？由此，我们可以得出一个结论：一个团队要想有序地运行，发挥出团队的力量，就必须有着明确的分工，让每一个团队成员都知道自己在这一团队中所扮演的角色以及应该做的事，而这一切都应该从管理者自身开始。

所扮演的角色应从自我的职责开始

作为团队经理，我们要正确地知道自己在团队中所扮演的角色，明白自己的职责：通过有效的方法和途径，激发团队成员的潜能，让他们朝同一目标奋进。

没错，这就是我们团队经理的主要职责，而这也就告诉了我们，在这一位置上你不应该是一个人在奋斗，而是应当让团队的每一个人都动起来。也就是说，你应是一个规划者、指导者、协调者、激励者、支持者与监督者。

规划，就是对团队的整体发展方向以及目标做以规划。

指导，便是在团队的成员具体的工作执行中，予以恰当地指导，让他们更快更好地完成工作任务。

协调，主要是协调内部的资源分配，以及处理好团队成员之间、成员与部门、以及部门之间的关系。

激励，便是采取有效的方法与策略去激发团队成员的士气，激活他们的工作激情以及自身的潜能，去更好地完成工作任务。

支持，在团队职员工作需要协助时，提供必要的支持。

监督，便是关注团队成员的执行过程，预防问题出现，让团队朝着既定的方向发展。

主要角色应根据团队的实际情况而定

团队经理所充当的角色是多重的，虽说在实际的带队过程中，会轮流扮演以上的角色，但是仍然以其中的一个角色为主，至于到底是什么，就要根据团队的实际情况出发。

例如，如果团队士气低迷，那么我们就应该把重点放在激励者这一角色上；再如团队成员之间摩擦很厉害，协调者就是我们所应扮演的主要角色了；还有的就是团队成员的业务能力较为低下时，我们所要担当的就是指导者了。

如果我们想要知道自己究竟在团队中主要充当什么样的角色，首先要做的就是对团队现状有所了解，知道自己团队的优缺点在哪儿。在你发现团队的问题后，就可以在实际的带队过程中有针对性地去处理这些问题，当然团队自然就会朝着你想要的方向健康发展。

必须懂得角色转换

我们在实际带队时，所遇到的问题并非是一成不变的，这就要求我们要经常注意个人角色的转化，是做规划者还是指导者，还是其他的角色，角色之间该如何转换？除了需要根据团队的实际情况选择角色外，还应该根据时间与场合来选择合适的角色。

例如，在团队接到新的产品销售任务时，你就应该充当起规划者的角色，做好销售的整体规划；在每天早上晨会的时候，你就应该充当起激励者以及监督者的角色；再例如，接到较为重要的业务，下属在执行的过程中，你又应该做好支持以及激励的工作……总的来说，作为一个团队的管理者，其所充当的角色是多变的，甚至在很多时候是重叠的，倘若不能加以区分，就有可能会在不合时宜的时候说出不恰当的话，做出不恰当的决定，而因为你处在整个团队的顶端，就势必会给整个团队带来影响。

重点在于树立起为团队成员服务的意识

无论管理者的角色定位是什么，最为关键的就是管理者应该有着为团队成员服务的意识。要说明这一点，就要谈到团队管理者的职责。

团队管理者的主要职责，就是尽最大的能力调动团队成员的工作积极性，激发他们的潜能，实现团队发展的整体目标。"带人要带心"，要以一种服务的姿态去面对团队成员，在工作中给予团队成员支持，当团队上下齐心，又有什么困难能阻挡住我们，又有什么任务不能完成的呢？带好一个团队虽说要有规章制度，但最终看的是团队成员的心是否向着你，若众心所向，你所带的团队不想获得好的业绩都难。

2. 分清哪些是该做的哪些是不该做的

常常看到一些团队经理整日里忙忙碌碌，似乎有着做不完的工作。按理说，像他们这样忙碌，所带的团队取得的业绩肯定不错，但事实往往相反，越是忙碌的团队经理，团队业绩越不见得会好。这样的团队管理者，大多太看重于自我的个人能力，总是担心下属工作不能做好。

一个人优秀代表不了整个团队的优秀，没有过实际的工作积累就不会有能力的提升。团队的经理如果凡事都亲力亲为，无疑是在剥夺团队成员的成长机会，团队成员就不可能在能力上得到应有的提升。诚然，作为团队的管理者，你的个人能力很强，可以很轻松地将一些原本下属该做的事做好。但人的时间与精力有限，你不可能妥善地处理好任何一件事。不仅如此，你事事亲为，下属得不到能力锻练的机会，他们同样会选择离开。原因很简单，他们选择团队时都希望能从中得到些什么，要么是丰厚的薪水，要么是为了以后能获取丰厚的薪水而积累的经验。

但不管怎样，我们都应该记住自已的职责所在，以下面的态度去面对团队中的人和事。

相信团队中的成员是最棒的

你必须相信你的团队成员是最棒的，能完美地把工作做好，这是你对下属的一种信任与尊重，也是承认他们的价值所在。在工作中，团队成员的能力是否能充分发挥出来，就在于管理者是否能充分的信任自已的职员。身边有许多的团队经理，总是抱怨团队成员没有工作积极性、能力不足，其实就是没有给予他们足够的信任，让他们放手去做。我们换一下角度，把自己看成是一名普通的团队成员，就能很好地体会到不信任所带来的负面影响。

想想看，你作为一名职员，你的领导让你去做一件事，当你在信心十足地执行时，领导跟你说这样不行那样不行，此时你会怎么想呢？因为领导不断地让你这样或者那样，你的想法都在不同程度遭到了否定，你可能不会再去积极思考，去想怎么才能做好。让你觉得自己再怎么想也是白想，还不如领导说怎么做就怎么做。

像这样与其说是成员在执行，还不如说是你自己在执行。有许多原本很有潜力的销售员就是因为如此而丧失了自我原有的优势，成了被管理者操纵的机械职员。结果可想而知，你团队的成员将会成为一批缺少独立思考、创新能力的机械职员，自然无法取得较好的业绩了。

反之，你信任并尊重团队成员，认为他们是这个世界上最好的销售员，即便现在他们的业务能力不算突出，但终有一天会在你的激励下成为你所期望的优秀职员。每个人都希望得到别人的肯定，并会因为得到肯定而给自己提出更高的要求，以期获得更多的肯定。

给予团队成员帮助而不是替他们去做

在工作中，即便是再优秀的职员，也会遇到不能解决的难题。此时，作为管理者的你该如何面对呢？有的经理人可能会觉得下属没有能力处理好，从而代劳。这样做，虽说能获得下属的好感，但对团队的整体进步却没有任何的好处。正确的方法是给予他们建议、提醒，让他们自己解决。

团队的发展在于团队中每一个成员的成长，如果团队的成员遇到什么难题，你都出面帮忙，他们是永远不可能获得处理类似问题的经验的。当他们再次遇到类似的难题，你还需要出面帮他解决，这样不仅仅会占用你原本用于工作的时间和精力，还会让团队成员对你产生依赖，逐渐演变成不会积极主动地想办法去解决问题，而是产生"有问题解决不了就找领导"的想法。

出现这种情况，建议你换种方式来处理类似问题。当他们再次遇到难以解决的问题时，你最好是给予他们建议和指导，并要在言语之中传递出这样的信息——我相信你会做得很好的。当然，在他们把这些问题解决后，你最好能引导他们加以总结，并指出可以改进的地方。

在雷鸣接手现在的团队时，上一任的经理跟他说团队中有一个叫作王斌的销售员，那是一个刺儿头，不仅仅没什么业务能力，并且态度也不端正，一遇到什么事就推卸责任，他提醒雷鸣注意这个销售员，建议最好找个机会把他给开除了。

雷鸣听后笑了笑，没有说什么，但是也就是因为如此，他注意上了这位叫作王斌的销售员。慢慢的他发现，王斌并非像上一任经理所说的那样一无是处，反而有着一些其他人没有的优点，那就是想法很多并敢做，不过这些并不是表现在工作上，而是在其他的一些方面。为此，雷鸣便针对他采取了特殊的策略。

首先，雷鸣将一些较为简单的工作任务交给他去做，他很快就完成了。每当此时，雷鸣便会适当地予以赞扬。过了一段时间，他又交给王斌难度稍微高一点的工作。在交代工作的时候，同样予以鼓励，并不问过程只要求结果。王斌也可以勉强把工作任务完成。再接着，他就交给王斌难度更高的工作。王斌虽然接受了工作任务，但是在执行过程中由于工作有一定的难度，便变得急躁起来，并有所抱怨，还向雷鸣求助希望雷鸣能帮他做。在这之前，王斌在工作中遇到难题跟上司一说，都是上司帮他解决的，他已经形成了这种习惯。但让王斌没有想到的是，这位新领导并没有像原领导那样，而是让他把遇到的问题说出来，一同跟他分析，并给他相关的建议与提醒。王斌在开始的时候难以接受，但是在雷鸣一番鼓励与期望的言语中，还是尝试着去做了。最后，他顺利地完成了工作任务。就这样，在一段时间后，王斌这个在原领导心目中的问题下属却在雷鸣的刻意培养下成为了团队中的精英。

看完上述的事例，相信你已经明白了吧！没错，你要想团队得以健康的发展，让团队成员获得不断地进步，就应该让他们去面对问题，解决问题，只有有了遇到问题自己解决问题的经历，他们才能从中总结出更好的工作方法与技巧。

允许团队成员适当地犯错

除了上面所说之外，你还应当允许团队成员在工作中适当地犯错。因为在实际的销售工作中遇到的问题是多变的，没有谁能够保证不会出现任何的错误，即便是身为团队管理者的你。事实上，你也是在犯了无数错误以及借鉴了别人所犯错误的过程中成长起来的，倘若你不能够正确地处理犯错误的下属，就会严重地束缚团队成员的积极主动性，因为他们担心出错而受到相应的处罚，便时时汇报，没有得到你点头同意，就不会去开展工作，甚至有的成员在每次开展工作时，都等待领导的指示。

想想看，这样一来，你不是把团队成员该做的事无形之中都转移到自己的身上了吗？更为重要的是，你的这些做法，会让团队成员的业务能力、应变能力、独立处理事务的能力不断地萎缩。像这样的团队，能取得好的销售业绩吗？

3. 记住，你的言行会对整个团队带来影响

当你坐在销售部主管的位置上时，就应该注意自己的言行，要知道什么事可以做，什么话可以说。倘若你对此不加注意，即便是规章制度制定得再严，管理方法再先进科学，同样难以真正地把团队带好。

在某公司就任销售部主管的张瑞生，手下有十来个销售员。在开始的时候，他倒是没有觉得团队有什么问题，慢慢地就感觉到团队的成员没有什么活力，整日一副无精打采的样子。从普通销售员做起来的张瑞生知道，做销售靠的就是内心的那份热情，像这样缺乏热情的团队是难以创造出好的业绩的。不仅如此，他还发现职员似乎在有意无意地躲避他。面对这一情况，张瑞生尝试过不少的方法，例如提高绩效奖励、主动跟下属接触等等，可是不管他怎么努力，依然未能让整个部门的精神面貌发生改观。

为此他感到忧心忡忡，在一次偶然的机会经人介绍认识了我，并希望我能帮他出出主意。当他在跟我介绍情况的时候，我就意识到了问题的根源就在于他自己，在于他平时没能注重自己的言行。因为，在他跟我讲话时，总是唉声叹气，并且会时不时地抱怨公司，抱怨下属。他说这些话虽然是无意的，但是却会在无形中对下属的行为带来影响。

于是，我建议他以后注意一下自己的言行，在下属面前尽可能多的呈现出自我积极阳光的一面。回去后，他半信半疑地按照我所说的去做了。过了段时间他告诉我，整个部门的人都变得积极主动起来，每个人都对工作充满了激情。

一个团队所表现出来的状态，其实是该管理者日常言行状态的一种折

射。可以这么说，一个团队有着怎样的领导，便会有着相应的精神风貌。团队的管理者是积极乐观的，整个团队呈现给人们的也是积极乐观的风貌，倘若管理者一天到晚唉声叹气，做事没有冲劲，这一团队也注定缺乏应有的激情与热情。

这是因为，团队成员在工作上的一切行为都跟管理者息息相关。在此，我举一个简单的例子就能很好地说明这一点。例如，某团队的管理者是一个缺乏挑战勇气、不敢承担责任的人，即便团队的成员再怎么有激情想要创造出更高的业绩，然而得不到管理者的支持能做好吗？再比如，一个团队的管理者老是在下属的面前说公司的不是，下属又怎么会认同公司，认同自己所在的团队，又如何能正确地面对自己的工作呢？

管理者不能把团队带好，有时并非是规章制度不健全，也不是因为管理方法不科学、不先进，恰恰就是因为未能注重自我的言行，未能给下属起到表率作用所致。"上行下效"这句话告诉了我们这一道理，同样"强将手下无弱兵"之类的话也让我们进一步知道了管理者的言行对团队整体所带来的影响。

说到这里，相信你已经知道了管理者的言行给团队所带来的影响了。为了能够言行得当，带好团队，敬请以后在带队伍时注意以下几点。

严格自律，为团队成员做出表率

对于公司的各项规章制度，作为团队的管理者，你要带头遵守。有时候，团队的规章制度难以得到贯彻执行，很大的原因就是在于管理者常常会自己带头违反。试想一下，你自己都没做到，在批评下属的时候，下属会服气吗？你不仅要带头遵守，还要以比普通职员更高的标准来要求自己，把工作完成得比普通职员更好。试想想，连你都对工作糊弄，下属能不糊弄吗？

在面对困境时，要身先士卒

管理者本身的行为是整个企业的风向标，所有的职员都会拿它作为参照物。在企业的日常管理中，管理者要身先士卒，积极参与。如果管理者在会上大讲特讲某项工作的重要性和紧迫性，号召广大职员加班加点，而会下职员看到的却是管理者漫不经心的态度，职员会作何感想呢？

管理者要带动团队中的每个人，首先就要自己积极参与到公司的日常业务中去，身体力行，让职员能经常看见你的身影。这样，才能给职员作出表率，激励职员，在团队中建立起榜样文化。

开口之前请三思，说出来就要做到

无论你是在作决定或者是许诺时，在开口之前都应该想想自己能不能做到，如果不能做到就千万不要轻易说出口。否则，就会失信于下属，你以后跟他们再说什么，他们都可能会在心里说："得了，你就是说说而已，谁信啊！"

墨子曾说过："志不强者智不达，言不信者行不果。"对于管理者更是这样。与职员相处，讲信用是最起码的要求。只有这样，才能使管理者在职员面前说话时达到一言九鼎的效果，使职员严格遵照执行管理者的指示和命令。如果管理者觉得小处失信无关大局，那就大错特错了。因为即使是一次无意的疏忽，或者延期兑现，所影响的绝不仅仅是管理者个人的声誉，它还会使职员与管理者之间的距离变得疏远，让职员对管理者说的话和下达的命令心怀猜忌，最终使得整个团队一片乌烟瘴气。

公平公正地对待团队中的每一位成员

在实际工作中，谁都愿意接触与自己爱好相似、脾气相近的人。但正因如此，才更强调管理者要适当增加与自己性格爱好不同的职员交往的机会，尤其对那些曾反对过自己的职员，更需要经常交流感情，防止有可能造成不必要的误会与隔阂。

但同时，上司需要注意一点，那就是不能把同下属建立亲密无间的感情和迁就错误等同起来。如果对下属的一些不合理，甚至无理要求也一味迁就，以感情代替原则，从长远和实质上看是把职员引入了一个误区。

一碗水端平还要求管理者既不要有偏见，也不要对人另眼相待。对于工作出色的职员当然应该表扬，但对其他职员也要一视同仁。

4. 在管理职员前先管好自己

一个优秀的管理者，应从自我做起，懂得在任何时候都不能忽略自己的行为给下属带来的影响。这就决定了要想成为一个优秀的管理者，就必须事事力求做到最好，使自己成为他人学习的榜样。因为管理者如果自己不能以身作则，在要求别人时其威信与说服力就会大打折扣，这样的领导是无法带领一个团队，更无法管理好一个团队的。

所以，如果你是一个精明的管理者，那你就要始终用一个模范和榜样的标准来要求自己，并努力让自己成为他人心目中的楷模，用自己的实际行动去影响其他的人，只有这样，别人才能够像你一样尽其所能地为团队效力。

一个深受下属喜欢的管理者会非常明白自己的言行对职员的影响力。所以，他们对自己的要求更为严格，始终保持严谨的工作作风，从不因自己的成就与职位而凌驾于同事和规章制度之上。

这样的领导才是团队所需要的领导，因为我们有理由相信，一个能够管理好自己的领导一定会管理好一个团队。

换句话说，一个管理者要想管理好团队，首先就要管理好自己。

要管理好自己，至少要做到以下几点。

坚决不给自己的迟到找借口

"没有规矩，不成方圆"，任何一个公司，其规章制度的建立，都是为了更好地约束公司职员的不良行为。这里的"职员"，既包括普通职员，

第三章 时刻记住：你现在是团队的管理者

也包括身处管理职位的管理者。然而在现实中，我们常常看到，一些团队的管理者刚刚宣布了一项规章制度，转身就首当其冲地成为了制度的第一个破坏者。而这种行为无异于给下面职员的犯错开了一个先河，譬如管理者视上班时间于无形的现象。

很多管理者总是像一阵风一般想何时飘来，便何时飘来，想何时离去，便何时离去。如果是管理者工作上的事情，我们当然无可厚非，但是如果因为私事一而再再而三地从公司里消失，或者连续几天看不到他的身影，试想这样会对职员造成怎样的影响。公司职员必定会认为，领导随便开小差，说明他并不重视公司，既然如此，那我们又何必拼命为公司效力呢？

如果一个职员产生这样的想法，那说明不久的将来，这个人一定会脱离这个团队。这样势必会造成人才的流失，而这恰恰是公司最大的损失。

此外，经常迟到还会造成另外一种结果。看了下面的案例你就会知道。

小雷是一家大型公司的职员，由于工作努力被提升为主管。但是刚被提升为主管不久的小雷上班经常迟到，常常在所有职员到了之后，他才姗姗来迟，而且在一些重要会议上，也是照样迟到。小雷对此的解释则是自己工作效率高，又是主管，晚到一会儿没关系，再说，老板又经常不在公司。可是小雷万万没想到，这件事很快就传入老板的耳中，老板非常生气，但是看在他工作效率很高的份上，没有炒他的鱿鱼，却撤销了他的"主管"职务。

由此看来，不论一个人处于什么职位，都没有理由把迟到看成是理所当然的事情，特别是对于领导来说，这不仅不是特权，相反，作为管理者，更应该严格遵守规章制度。

不要轻易把家人带到工作场所

虽然有些单位明文规定，非本部门职员不得进入工作场所，门卫也实行了严格的控制，但有人还会通过有形或无形的"后门"让自己的亲戚朋友因为一些小事就在上班时间到公司来处理。这种违反公司规章制度的行为，一旦被公司发现，不仅会受到处分，还会给自己带来极为严重的负面影响，尤其是这种行为一旦发生在领导身上，势必会给其他的职员开先河。

也许有的管理者会认为这是在小题大做，但事实上这绝不是在危言耸听。让亲戚朋友看到你在下属面前的威严，的确能为你的脸上添光彩，但是为一时的光彩却要你以更长远的利益和负面影响作为代价。试想如果你经常带与工作无关的人到公司，处理与工作无关的事情，那么职员会怎么看待你呢？随便、不敬业、毫无职业精神……如果你的下属一旦对你形成这样的认识，你会很难再让他们做出改变。

更为严重的是，你的行为也会成为他们日后这种做法的借口和理由，那时如果你继续用这样的制度来约束他们，无异于搬起石头砸自己的脚。

所以，作为领导，要想让下属专心于自己的工作，那么自己就要做到不带任何与工作无关的人到工作场所，即使制度并没有这样的明文规定。

不要占用工作时间来处理私事

在工作时间内，任何一个职员包括领导都应当把精力放在所做的工作上，不要把一些与工作无关的事情拿到工作时间来处理。否则，你便会给人留下没有敬业精神的印象，从而影响到你的工作效率及其效果。

一个优秀的管理者从来都不会犯类似的错误，他们会用自己的行动为他人做出榜样，在工作的时间内专心致志，全心全意地面对工作，力求把自己要做的工作做到最好。正是因为如此，他才能为团队，也是为自己创造出更高的效益。

尽职尽责地把工作做到最好

优秀的管理者都有这样的意识：他们不论做什么样的工作，不管遇到多大的困难与挫折，都力求尽职尽责地将工作做到完美，绝不投机取巧、马虎轻率。因为投机取巧的工作态度虽然能够为你节约一些时间和精力，但事实上却会因为工作的质量问题而使你经常陷入返工的困境，从而浪费了更多的时间、精力和财富，也使我们离成功越来越远。

尽职尽责是培养敬业精神的土壤。如果在我们的工作中没有了责任和抱负，生活就会变得毫无意义。所以不管从事什么样的工作，平凡的也好，令人羡慕的也好，都应该尽心尽责，在敬业的基础上求得不断的进步，为他人做出榜样。

只有从心底要求进步，真正地把公司当做自己的事业去做，才能自动自发的去做好每一件事情，并且会因此从普通走向卓越，成为一个深受职员钦佩与学习的榜样。

小王刚刚被提升为业务部门的主管，在上任的第一次例会上，便向下属宣布了认为能使销售部门业绩提高的一些要求和举措。

虽然下属好像是在倾听，并且都异口同声地说这样好。然而在实际的工作过程中，小王发现下属的表现并没有改变多少，依然我行我素，并且比原来还差。

小王感到有些气愤，认为下属把他的话当成耳旁风。在一次召开例会的时候，他声色俱厉地说上次的一些新举措、新方案要大家严格执行，并且列举出了相关的惩罚措施。

小王想，这样他们总会自觉了吧！事实让他再次感到吃惊，仍然没有人按照他的话去做。一次，他发现，一名职员竟然在上班的时候跟女朋友打电话聊天。

他脸色铁青着把那位职员叫到办公室，厉声质问对方难道不知道上班的时间不能打私人电话吗？

"你自己怎么做的？"对方的一句话让小王无话可说，因为小王在很多时候，忽略了自己所制定的一些措施和条款。

可见，在现代管理中，管理者要想管好自己的团队，首先要得到大家的信服，而这种信服则来自于管理者自身的管理行为，如果一味的强调别人应该如何如何，而忽视了对自身的要求，那样反而会适得其反，无法引起大家的共鸣。

5. 别把权力当成管理的唯一武器

权力，是管理者的象征，即便是小团队的管理者，手里也握有一定的权力。一个聪明的管理者肯定知道的一点，那就是不能把权力当作管理的武器。

为什么这么说呢？因为一旦把权力当成管理的武器，就会给下属一种无形的压力，而下属一旦在压力下工作，就很容易产生负面情绪。即便下属表面上信服，可实际上却想方设法地对抗团队管理者，给管理者造成一系列的障碍。一旦出现这种情况，内耗就大量的产生了。

某公司的管理者，为了提高业绩，改变职员工作效率低下的问题，决定对职员实施严格的管理。就在办公室里安装了八个摄像头，全方位对职员的一举一动进行全天候监控，目的在于监视职员的工作情况，如有没有工作开小差、迟到和早退等现象。

本来工作压力就很大的职员们对此深感气愤，认为公司严重侵犯了他们的隐私权，要求他们拆除这种不人性化的监视系统。而管理者则认为自己完全有权力这样做，职员只能服从，所以一口回绝了职员的请求。

刚开始的时候，的确收到了明显的效果，迟到早退的现象明显减少了，也没有人开小差了，看起来工作效率也上去了。但是意想不到的事情发生了，十几个骨干技术人员集体跳槽到另一家公司。这下公司的管理者慌了，立即拆除了这些严重影响职员情绪的摄像头，但为时已晚，这个不明智的举动已经造成了大量人才的流失。

这家公司的管理者不懂得用"情"管理人，只靠自己手中的权力来管理，结果弄巧成拙，把好端端的人才拱手让给了竞争对手，真是莫大的讽刺。优秀的团队管理者都应该清楚，把权力当作管理的武器，不仅无法换取下属的信任，而且还会让下属对管理者充满敌意。那么对于团队管理者来说，该如何避免把权力当作管理的武器呢？以下便是几个比较实用的方法：

尽量少发布或者不发布强硬的命令

在实际工作中，有的团队管理者动辄就发布强硬的命令，进行粗鲁的指挥、控制和监督，甚至对职员随意地斥责、诋毁，毫不顾及职员的感受，更不理会他们的想法和意见。

比如有的团队管理者经常这样说："小张，你必须尽你最快的速度把这份材料赶出来，如果明天早上在我的办公桌上没有看到它，我将……"或者是"你怎么可以这样做？我说过多少次了，可你总是记不住！现在把你手中的活儿停下来，马上给我重做！"

这时，下属一定会面色冰冷、极不情愿地接过上司派给他们的任务，去完成它，而不是做好它。

因此，不要以为自己是团队管理者，就有权在下属面前指手画脚、发号施令，就可以靠在软绵绵的椅子里，指挥别人去干这个、干那个。以为这样可以使自己更加高高在上，更加智慧、理性、有权威。事实上，这种做法并不能使自己显得更加睿智，相反却很愚蠢。

尊重职员，不要出言不逊

很多管理者自以为很了不起，把职员不当职员，当成自己的孙子，随意辱骂，毫无尊重感可言。很显然，这样的团队管理者也是无法管理好职员的。

有一位负责管理印度尼西亚海洋石油钻井台的美国经理，一天，在钻井台看到一个印尼职员工作表现比较糟糕，不问青红皂白就对计时员说："告诉那个混账东西，这里不需要懒散的人，让他搭下一班船滚开！"这句粗话使这位印尼雇员的自尊心受到极大的刺伤，他被激怒了，二话不说，抄起一把斧子就朝经理砍来。经理见状大惊，连滚带爬地从井架上逃到工棚里。那位雇员紧追不舍地追到工棚，恶狠狠地砍倒了大门。这时，幸亏钻井台的其他人及时赶到，力加劝阻，才避免了一场灾祸。

在处理问题时，这位美国经理祸从口出，极不尊重职员，以为自己高高在上、有权有势，就可以对职员命令、斥责，没想到险些招来一场灾祸。

团队管理者应该认清的是，指责应该根据事实就事论事，要具有充分的指责理由。而不应因为赋予了使人服从的权势而滥用职权。相反的，把强制使人服从的力量深藏不露，才是最聪明的办法。

靠本身的威信取信于职员

身为职员，就算不受强制，也会有服从的心理，如果团队管理者经常用一种以上压下的态度对待职员，职员肯定会心生反感。所以，团队管理者不能借助权力压人，靠本身的威信使人服从是重要的办法。

戴尔公司是一家"个个职员皆老板"的公司。它的团队管理者在所有的职员中建立了一种共同的信念，其中包括责任、荣誉和有福同享。戴尔的团队管理者尊重每一位职员，将企业的成功归功于职员的努力。任何一位职员都能够感受到自己工作的价值，任何一位职员都可以通过最直接的沟通渠道，得到自己所需要的信息。

戴尔公司十分排斥等级制度，更不必说团队管理者以命令方式行使自己的管理工作了。在这种提倡平等交流的管理方式下，职员的意见和建议得到了充分的肯定，从而使得每一位职员都能够发挥出自己的潜能，为公司的发展而努力。戴尔的管理者争取每一位职员投资参股，让职员的责任感、荣誉感被充分调动起来，也使得公司的每一个问题都成为职员和团队管理者共同面对的问题。

试着主动关心职员

没有人会喜欢在团队管理者的监督和管制之下工作，大部分人都喜欢享受工作，喜欢有人格魅力的团队管理者，职员如果能得到团队经理的关心和尊重，就愿意为自己喜欢的工作付出，愿意为自己的团队分忧解难。

但一些顽固、刚愎自用的职员，当团队经理以一种友善的态度与他们交谈时，反而会摆出一副盛气凌人的架势。对于这种职员，不妨试着使用一下强制的手段，但大部分情形是不需要用压制方法来解决的。权力不是万能钥匙，作为团队管理者，在管人理事的过程中，不用多表现大家也知道你是领导。如果团队管理者经常像不可一世的专制统治者一样，不但不会收到好的结果，反会受其累。

在企业管理中，聪明的团队管理者很少会像封建社会里的专制皇帝一样，随心所欲，世间万物为己一人所驱使，更不会像旧社会封建官僚那样做权力的奴隶，信奉权力至上。他们往往是通过一点一滴，通过自己能力的施展，通过自己良好的品德风范，来逐步建立自己的威信，最终达到管人理事的目的。

如果一个团队管理者不讲方式地随意使用手中的权力，结果只会使自己在团队中失去威信、自信心下降。而学会如何巧妙地使用权力，建立领导威信，则会使自己信心大增，更会得到职员的信任与支持，自然就可以得心应手地管好人、理顺事情，带好团队。

第四章

做下属欢迎的领导，还是下属畏惧的领导

一个管理者在团队中是否受欢迎，取决于跟团队成员之间的心理距离。简言之，就是你应该想办法走到团队成员之中去，走进他们的心里，成为一个受下属欢迎的领导而不是让他们敬畏的人。试想，你的下属都不敢接近你，你能得到他们的拥护与支持吗？

1. 收起刻板的面孔，让你的脸部表情丰富些

有不少的人在带队的时候，认为自己是管理者、是上级，便觉得在下级的面前如果太过于随意、不够严肃的话，会降低自己的威信，以至于在面对下属时，无论是什么场合，都板着脸，看不到一丝笑容，显得十分严肃。

的确，作为管理者就应该有管理者的样子，严肃一些确实能给下属增添一定的压力，有利于维护自我的权威，但真的就能让团队中的成员信服，并带好团队吗？下面的事例，或许就能够让我们很好地认识到这一点。

张杰是某公司业务部门的主管，每次他一走进公司，看到自己的同事时，脸部肌肉就像是退化了一样，没有任何的表情。他在下属面前老是一副极其严肃的样子。确实，他在向下属交代工作时，下属几乎没有什么反对意见就去做了，但结果往往与张杰所期待的有很大出入。不仅如此，下属好像很怕与他接触，一看到他就不自觉地躲开。

刚开始的时候，张杰倒并不觉得有什么不妥，反而认为这样才能显示出他作为管理者的威严。慢慢地，张杰觉得有些不妥了，在布置任务之后，最终的结果离他所期望的越来越远。他有新的计划，拿不定主意，想要听取他人的意见时，也没有谁愿意告诉他。不仅如此，他还觉得自己所要做的工作越来越多，越来越容易感到疲倦。

现实中，像张杰这样的管理者不在少数，当他们在面对团队成员时，脸上很少会显露笑容，并自认为作为一个管理者就应当如此，否则的话便

会使得自己的威信下降，难以领导和管理好下属。事实真的是这样吗？其实，这样做的后果只能是跟团队成员之间的距离越来越远，难以真正地得到团队成员的拥护与支持，当然也就难以真正地带好团队，取得令人满意的业绩了。

由此可见，要想带好团队，我们就必须走出这一误区，在面对下属时，收起板刻的面孔，让脸上的表情丰富一些，多一点笑意。美国密歇根大学的心理学家詹姆士·麦克奈尔教授就曾说过，有笑容的人在管理、教导、推销上更容易成功。

在带队的时候，让我们的脸上多一点笑容，不仅仅可以表现管理者的宏大气度，出现矛盾时，同样可以使双方恢复理智，化干戈为玉帛。当职员创造出良好业绩时，微笑代表了肯定和赞许，他们能从微笑中受到鼓舞，获得力量，并焕发出更高的工作热情。事实上，当你收起刻板的面孔，以微笑的面容对待团队成员时，传递出的是对下属职员的尊重、信任和关怀。想想看，当他们感受到这些信息后，能不感动，能不服从你的指挥、积极地面对工作吗？

放下身架，尊重每一位团队成员

对于身处管理者位置上的人来说，不管个人的能力有多么的卓越，即便真的要比自己的团队成员强很多，都不要在面对下属时，表现出瞧不起的样子，而应当给予他们应有的尊重。只有这样，才能凝聚人心，得到下属的拥戴，促使整个部门、乃至企业的全体人员齐心协力朝一个既定的目标前行。惠普公司认为："管理者都有一样的愿望：将自己的公司做大；让下属对公司忠诚；希望做出的批示能够得到下属的热烈拥护，这些愿望都是正常的，问题是怎样才能做到这一点呢？所有的努力之中最重要、最关键的一条，就是关心、尊重你的部下。"与之相反，如果管理者自认为要比他人优秀，瞧不起、不懂得尊重职员，就会丧失掉团队的凝聚力和竞争力，使得团队在竞争激烈的环境中被淘汰。

管理好情绪，别让它影响到工作

每个人都可能有情绪低落或情绪激动、难以自抑的时候。情绪一旦释放出来，后果就难以控制。因此，最好在释放前就将它控制住。作为管理者让情绪影响到工作是不明智的，应该学会控制自己的情绪，要尽量保持心情平静，避免怒气冲冲。那么，怎样才能控制好自己的情绪呢？我们可以这样去做：

1.时时告诫自己，工作之外的人和事所带来的坏情绪，只能存在于办公室的大门之外。

如果碰到了不顺心的事情，心里面憋满了气，到了办公室门口，就尝试着做几次深呼吸，告诉自己：现在是工作的时间，让那些该死的烦心事到此为止。

2.提醒自己，下属不是招进来骂的，是请进来为自己工作，愉快地挣钱的。况且有比发脾气能更快地解决问题的办法。所以，即使自己被一帮客户批得鬼火直冒，即使在客户那里刚刚发生过激烈的争吵，自己也尽量不要铁青着脸见下属。担心还是会失控怎么办，不妨冲进洗手间，用冷水洗把脸，受到冷的刺激，就更利于自己静下来。

3.即使是下属做错事情，自己实在忍不住要发脾气，也要区分责任主体，不要让无辜者受到牵连。

4.不良情绪有时是不易控制的，也可以试试迂回的办法。把自己的情感和精力转移到其他事物中去，使自己没有时间去想那些不愉快的事，从而将情绪转化。比如，俄国作家屠格涅夫与人吵嘴时，就先让舌尖在嘴里转10圈，以使心情平静下来，这种分散情绪的方法往往能将不良情绪控制住。

保持一点幽默

　　幽默在很多的时候是精神的调节剂，是在社交场上最好用的钥匙。作为团队的管理者，如果能巧妙地运用幽默，便能使得人际关系更加和谐融洽，得到团队成员的赞赏与钦佩。更重要的是，幽默还可以帮助管理者摆脱尴尬，体现自己的高素质。事实上，有经验的团队管理者都知道，要使身边的团队成员能够和自己齐心合作，就有必要通过适当幽默使自己的形象人性化。不过，在这儿要提醒的是，凡事皆有度，在幽默之时我们也要把握住幽默的场合与尺度，切不可庸俗，低级趣味。

2. 打开办公室的门，请下属进去坐坐

带队的成功在很大程度上取决于团队的管理者与团队成员的心理距离，当这种距离拉近的时候，团队成员就会表现出极大热情。所以，现代的管理学家提出，高高在上的管理者绝对管不好人，管理者必须到团队成员中间去。

走到职员中，职员会觉得你亲切而容易接近；走到职员中去，你马上就能知道所有的工作是否都走在正确的轨道上。到处走走，多和团队成员沟通，就能激发每位团队成员的工作情绪。

微软公司的比尔·盖茨、英特尔的格罗夫、惠普的费奥莉娜和戴尔公司的迈克·戴尔都是积极走到下属中的传奇人物。他们经常到处出差，去访问各地的公司，并且大力推销和灌输企业的政策、远景、价值观给每一位伙伴，激发所有人员的工作热情。

这些企业的管理者都取消了自己的特权，放下了高高在上的指挥者的架子，破除了他们身上原有的神秘感，与职员亲密相处，相互沟通与交流。这样的管理激发了职员的工作热情，打消了他们长期对下压式领导的逆反心理，有了归属感、安全感、认同感，以轻松的心情投入工作，发挥出最大的积极性和创造力。

前联合航空公司的卡尔森是最早采用"亲身视察"和"走动管理"方式的高管，并且也是绩效最佳的高阶主管之一。在他接任联合航空时，公司一年亏损500万美元，但他成功地扭转了劣势，让公司转亏为盈。在他总结的成功秘诀中，走动管理应居首功。卡尔森说："我一年要跑20万英

里路程，大力推行和实践'看得见管理'。在我接任之后，我的15位高阶主管把65%以上的时间，都花在去各地的视察上。"

一位管理者要想获得成功，最好先做好两件事情：第一，能够确认所在组织的价值体系；第二、是坚持直接介入来强调价值体系，建立起令人振奋的环境。灌输一个价值体系，绝非易事，这需要锲而不舍的努力和长时间地花费精力，可是如果不配合走动管理，恐怕就要白费功夫了。

走动管理的精髓是：和团队成员保持更密切的接触和联系，帮助与我们一起共事的伙伴发展潜能。走动管理也是发挥团队精神、提升组织效益的法宝，同时，走动管理也是一种越来越受到团队成员欢迎的沟通方式，因为这种管理模式可以达到事半功倍的管理效果。

有一位杂志的发行人，在午餐演讲中告诉同行如何在谈笑间用人的诀窍，很多人都支持他的看法。他说："最高主管最好能用20%以上的时间到团队成员之中走动。主动出面，直接沟通，会带来相当大的效应，无论是在工作品质、业绩、团队文化、组织气氛、目标或团队成员的工作意愿、忠诚度上都有莫大的影响。3年前，我因此品尝到甜美果实后，将心得与各单位的主管分享，当时他们相当认同我的做法，并向我学习。现在，我率领所有的主管每天都更卖力地实践它。"

走到团队成员中间，和他们打成一片，是管理者尊重团队成员的重要表现之一。要成为一位有效激励团队成员的管理者，就必须掌握走动管理的技巧。

韦尔奇认为，管理者的任务就是让你的公司发展，让你身边的人不断地发展和创新，而不是控制你身边的人。公司的成功需要集思广益，需要所有人的激情。假如公司的管理者天天当皇帝，从长远看是不会成功的，因为他没有可持续性。

所以，作为团队的管理者，你的任务之一就是要从高位上走下来，走到现场，走到团队成员当中。据一些报道反映，西方国家的一些大公司已经取消了专供董事、经理和其他高级管理人员使用的洗手间、餐厅等，他们在工厂与工人们交谈、争论，有时也跪在地上和工人们一道摆弄有故障的机器。日本的公司经理们更是在工作时间同工人穿一样的工作服，一起干活。下班之后一起到酒吧喝酒聊天，到舞厅娱乐……

因此，作为团队的管理者，若想自己的管理收到良好的效果，一定要走近团队成员，多与团队成员交流，了解他们的喜怒哀乐，他们的所思、所为、所急，与他们建立起良好的人际关系。如此，有利于协调彼此间的工作磨擦，在组织内创造良好的大家庭氛围。

以平等的态度与团队成员交流

"沟通是尊重，也是认同。"管理者要想与团队成员之间真正敞开心扉进行沟通，平等和尊重显得尤为重要。以平等的态度与团队成员进行沟通，要从认同团队成员、尊重团队成员开始。

任何一个团队成员都渴望获得周围环境的认同，作为团队的管理者要善于发现职员身上的闪光点，用放大镜看职员的优点，用望远镜看职员的不足。这样，才能发自内心地认同团队成员，尊重团队成员的观点、选择和兴趣，进而进行平等的交流。

与团队成员进行平等的交流，团队的管理者就不仅只站在下达命令的位置上，而是要从这个位置上走下来，去倾听团队成员的呼声，对团队成员所提出来的不同意见进行科学地分析和比较，求同存异，这样，才能达到更有效的沟通效果。

沟通中多用耳朵少用嘴

何谓沟通？沟通就是双方交流彼此的看法、意见等。既然是交流，就要注意对嘴巴与耳朵的运用。在现代企业管理中，团队的管理者与团队成员沟通时，需要动用更多的是耳朵而不是嘴巴。

保罗·赵说过："沟通首先是倾听的艺术。"在日常工作中，团队管理者的倾听能力远比演讲能力更重要。一位擅长倾听的团队管理者通过倾听可以从团队成员那里获得信息并对其进行分析，从而做出更加准确的决策。

与此同时，沟通还必须是双向的，团队的管理者与团队成员双方都应积极投入交流，变被动的倾听为主动地对信息进行搜索和理解。积极的倾听要求管理者把自己置于团队成员的角色之上，想象他的思路，体认他的世界，便于正确理解他们的意图，避免进入"和自己说话"的陷阱。企业团队的管理者应尽量给团队成员多的时间让他们相互交谈，并且在倾听的过程用动作语言表现你对团队成员谈话的浓厚兴趣。使团队成员感觉到你是在诚心诚意地倾听他们的见解，这样团队成员才会毫无保留地把真实想法说出来。

善于倾听的团队管理者能及时发现团队成员的优点，并创造条件让其发挥作用。倾听本身也是一种鼓励方式，能提高对方的自信心和自尊心，加深彼此的感情，激发出对方的工作热情与负责精神。相反，只将倾听当成听见，势必会挫伤团队成员的积极性，甚至失去人才。

恰当使用肢体语言

沟通中积极有效的倾听固然重要，但肢体语言的恰当运用同样不可或缺。团队的管理者在倾听团队成员发言时，用一些非语言信号可以表示你对对方话语的关注。美国心理学家艾伯特·梅拉比安经研究认为：在人们沟通中所发送的全部信息中仅有7%是由语言来表达的，而93%的信息是用非言语来表达的。

因此，在沟通过程中，团队的管理者倾听的同时，还必须注意运用自己的肢体语言，譬如一个微笑、一个眼神、一个动作，来表示自己对团队成员讲话的关注。这种肢体语言在很大程度上能够跨越言语沟通本身固有的一些障碍，提高沟通效率。

如果团队的管理者经常使用这些无声语言，团队成员就会认为你对他的话很关注，他就乐于向你提供更多的信息。相反，当团队成员在滔滔不绝地向你汇报时，而你却心不在焉地边听边做其他无关的事，这样团队成员会认为你对他所说的一切都不在意，你不仅会漏掉很多重要信息，也很难期望团队成员再为你尽其所能地卖命。

所以，一个成功的沟通者在强化沟通的同时，必须懂得非语言信息，而且尽可能地了解它的意义，磨练非语言沟通的技巧，注意"察言观色"，充分提高沟通效率。在具体运用过程中，可以参考下面一些意见。

1. 面对说话者。如果你在倾听时以侧面的姿势面对团队成员，他们会认为你反对他们的看法，并觉得厌烦，团队成员的反应也会冷淡下来。

2. 不要只盯着对方的某一部位，眼神要与对方有交集。有些团队的管理者在和别人说话时，往往会盯着他头上的某一部位。这会让团队成员产生错误的看法，以为自己有什么不对的地方。但也不能只盯着他的眼睛，这会让他怀疑自己的陈述。最好是眼神不要停留在头部以外的其他地方，在五官处就好，要偶尔与他的眼神有所交集。

3. 不要有过多的肢体动作。过多的肢体动作如不断地磨擦脖子或手臂、揉眼睛、拨头发、不断变换两腿交叉姿势等类似的动作，这些动作是你已经不耐烦的信号。团队成员会根据你所表现出来的兴趣或无奈，来决定是否进一步对该问题发表自己的见解，而你则会有可能因此而失去某些好的建议。

此外，在倾听的过程中要注意对方的细节，包括声调、语气、节奏、面部表情和轻微动作等。团队的管理者应给予对方合适的表情、动作和态度，并与所要传达的信息内容相配合，这样会使沟通对象的潜在表现需要得以实现。

在沟通中，我们应随时注意这些肢体语言的运用，确保达到有效沟通的目的。

3. 八小时之外，应和下属有那么点"私交"

在竞争日益激烈，人与人之间的感情日益淡化的今天，情感投资已是管理者不可或缺的一种手段。要想将团队打造成一流的职员团队，作为团队的管理者，就必须懂得对职员进行情感投资。从下面的事例中，我们就能很好地体会到这一点。

某企业的项目经理，因他经手的一桩大生意赔了本，使企业蒙受了重大的损失，因此他非常自责，就向董事会递交了辞呈，但董事会并没有批准。董事长握住项目经理的手，意味深长地说："公司已为你的学习交了这么多的学费，不希望你就这样走了，学了不要白学，我相信你以后会做得更好。"那位经理感动的热泪盈眶，表示为了挽回自己的过失即使粉身碎骨也在所不惜。

果然，在以后的工作中，项目经理奋发图强，拼命苦干，为公司赚取了一笔又一笔的巨额利润。

从上面的事例中，我们可以看出：在管理的过程中，感情的投入往往会比物质的投入所取得的效果更好。要把团队建设成一支一流的团队仅仅依靠制度、权威是远远不够的，还需要懂得对职员进行感情投资。

为什么这么说呢？

首先，对职员进行感情投资，会使职员产生"归属感"，而这种"归属感"正是职员愿意充分发挥自己能力的重要源泉之一。你要知道，在你的团队中没有谁真的希望被排斥在上司的视线之外，更不希望自己有朝一日会成为被炒的对象。当他们得到了来自上司的感情投资，他们的心理无疑会变得安稳、平静，便更愿意付出自己的力量与智慧了。

其次，对职员的感情投资，可以有效地激发职员潜在的能力，使职员产生强大的使命感与奉献精神。如果能得到上司的关注和理解，在内心深处会对其心存感激，认为管理者对自己有知遇之恩，因而"知恩图报"，愿意更加尽心尽力地工作。

再者，管理者对职员的感情投资，可以增强职员的信任感，从而有效地消除他们心中的各种疑虑和担心，让他们更愿意把自身的潜能发挥出来。

由此可见，要想增强团队成员的归属感，提升团队的整体战斗力，成就为一支一流的团队，团队的管理者就必须注重对职员进行感情投资。事实上，那些优秀的团队管理者，无一不善于对下属进行感情投资。

世界上什么投资回报率最高？日本麦当劳的社长藤田田所著畅销书《我是最会赚钱的人》中就曾谈到，他将他的所有投资分类研究回报率，发现感情投资在所有投资中，花费最少，回报率最高。

除了重视对职员的感情投资外，老板还应该从细节着手，关心职员，从细微之处关心下属更能让下属感受到领导对他们的真诚关心。这种关心往往比语言更能打动他们的心，从而收到超出想像的管理奇效。

一般而言，管理者对下属进行感情投资，有很多种方式，其中最常见的就是语言的鼓励。管理者在采用这种方式时，要想达到较好的效果，就应当把握住以下的时机。

通常情况下，有七个方面的细节需要特别注意。

职员请你聚会，不要总找借口拒绝

在国庆节的前一天，小王和同事们约好晚上去吃饭，他们准备叫经理一起去："李经理，今天晚上，我们几个同事约好去聚一下，请您一起参加。"小王笑容可掬，充满期待地说。

可是李经理以有事为由，拒绝了。从此之后，李经理再也没有接到类似的邀请，他也没有放在心上。但总觉得部门的气氛别扭多了。有时，他明明听到下属正在热烈地讨论什么事情，但只要他一跨进去，气氛立刻冷却下来。平时也没有什么轻松的插曲，大家正襟危坐，他也想说些亲切的话，但回答他的总是一张汕汕的笑脸。李经理不明白，问题到底出在哪里。

领导并不总是领导，跨出了公司的大门，你就是大家的伙伴。因此，当职员请你参加工作之外的聚会时，最好不要拒绝，因为这是与下属进行沟通的大好时机，同时，你的参与也能让他们感觉到你对他们的重视和尊重。

记住职员的生日，准时送上真诚祝福

要记住下属的生日，在他生日时向他祝贺。生日这一天一般都是家人或知心朋友在一起庆祝，聪明的领导不会忘记这是进行感情投资的好机会，给下属送上一个蛋糕、一束鲜花，即便是一张贺卡也能温暖下属的心，让他们感受到浓浓的人情味儿。

职员生病时，别忘了亲自探望

下属住院时，也是领导收获人心、表达自己对下属关心的最好时机。此时，老板一定要亲自探望。

某公司一位普通的职员生病住院了，老板买了礼物亲自去探望，他说："平时你在的时候感觉不出来你做了多少贡献，现在没有你在岗上，就感觉工作没了头绪、慌了手脚。安心养病，大家都盼着你早日康复呢！"一句话让这位职员心里暖暖的，让他感觉自己对大家还是很重要的。身体康复之后，自然对工作更加努力。

关心下属的家庭

温馨的家庭对于下属至关重要。如果没有家庭作后盾，下属是无法安心工作的，所以领导对下属家庭的关心，会让职员更加感动。

有一位团队管理者深深懂得，家庭是下属的支柱，是后备力量。所以，当他得知团队的一位销售员的兄弟患了癌症后，就给他写了一封信，并附了一首诗，在信中鼓励他振作起来，勇敢面对死神。他的做法令这个销售员及家人非常感动，这位销售员说："家庭是我的后盾，领导这么关心我的家人，我一定全身心投入工作，以此对领导表示感谢。"

多在细微之处关心职员

如果领导善于在许多看似平凡的时刻，或者一些不引人注意的细小事情上，体现出自己对职员的关怀，一定会收到意想不到的效果。

当职员有特殊需求时，尽量满足他

任何人都会遇到需要紧急处理的私事，如果恰好与工作时间相冲突，尤其是在职员提出了请求的时候，老板要尽量满足他。

曾经有位销售员说："我刚来公司的第二天，我哥哥要结婚，我不得不请假。没有想到，公司批准我休一周，而且是带薪休假。"一位新来的销售员，妻子临产，公司就给他足够的时间让他陪伴妻子。他说："要是在原来的公司，我请这么长时间的假，不但不会得到任何薪水，而且很可能因此而失业。"

在职员有特殊需要时，如果能够适时满足他们，便能轻易地俘获他们的心，赢得他们的支持，从而为管理奠定一定的基础。

在带团队时，往往是越细小的事，越能体现出管理者对下属的重视，也越能打动他们，从而收到最佳的管理效果。

4. 多少懂点读心术，看透下属言行背后的内容

中国有许多古训，例如"己所不欲勿施于人"，又如"想他人之所想，急他人之所急"等，意思都是走进他人的内心世界，设身处地为他人着想。每个人都有自己的思想及喜好，都拥有自我意识，当然就会发生很多对立的情况。只有相互理解，相互尊重，大家才能和睦相处。

团队中的成员各自充当着不同的角色，现实要求你体验不同角色的内心感受，从而体验和认同他人，真正做到感同身受，学会理解他人，体谅他人，关心他人。

下面的故事是一个发生在英国的真实故事。

有位孤独的老人，无儿无女，又体弱多病，他决定搬到养老院去。老人宣布出售他漂亮的住宅，购买者蜂拥而至，底价8万英镑的住宅，但人们很快就将它炒到了10万英镑，而且价钱还在不断攀升。

老人静静地坐在沙发上，满目忧郁。是的，要不是身体不佳，他是不会将这栋陪他度过大半生的住宅卖掉的。

一个衣着朴素的青年人来到老人跟前，弯下腰，低声说："先生，我好想买这栋住宅，可我只有1万英镑。"

"但是，它的底价就是8万英镑啊，"老人淡淡地说，"现在已经升到10万英镑了。"

青年并不沮丧，诚恳地说："先生，如果您把住宅卖给我，我保证会让您依旧生活在这里，和我一起喝茶、读报、散步，天天都快快乐乐的——相信我，我会用我的整颗心来时时关爱您。"

老人面带微笑聆听着。

突然，老人站起来，挥手示意人们安静下来："朋友们，这栋住宅的主人已经产生了。"

老人拍着身旁这位青年人的肩膀说道："就是这个小伙子！"

青年终于令人不可思议地赢得了胜利，梦想成真。

人人都渴望理解，如果能得到他人的理解，即使自己受点损失，也会觉得值得。

一个管理者，常为了不能知悉职员心里在想些什么而伤透脑筋。要做到"知悉"，可不是那么容易的。如果你能够做到这一点，那么，无论是在工作或人际关系上，你都可以列入第一流的团队管理者之中。

在上个世纪，美籍华裔科学家、企业家王安在美国波士顿创办了一家驰名世界的"王安电脑公司"。他从600美元投资开始，经过40多年的艰苦奋斗，已发展到了拥有3万多名职员，30多亿美元资产，在大约60多个国家和地区设有250个分公司的世界性大企业。成功给他带来荣誉和地位，还给他带来了16亿美元的巨额资产。当我们顺着王安的足迹，浏览他的人生历程之时，不难发现，王安公司成功的决定因素就在于重视和拥有人才。王安目光远大，办事果断，懂得人才开发的重要，充分重视人的作用，以最大的努力发挥公司里每一个人的积极性。对于人的使用，自始至终充满尊重与理解。王安认为，公司是人组成的，能不能把每个职员的积极性发挥出来，将关系到公司的成败。具体工作中，他根据职员的不同类型、特点、技术专长和生活需要，实行不同的管理方式。他把设计和研制产品的工程师和科学家看成是公司的灵魂，给他们特殊的礼遇以示尊重，甚至在用词上都特别讲究，从不用"雇佣"之类的词，只用"聘用"，以完全平等的态度对待他们，尊重他们。而对一个有创造性的技术人才，即使他有令人难以容忍的错误和缺点，或是骄横自负，或是两个工程师之间相互对立，王安都能和他们搞好关系，从而使他们明白公司最高领导人

第四章 做下属欢迎的领导，还是下属畏惧的领导

最了解和懂得他们的贡献。

寻求理解是人天生具有的一种欲望，人一旦得到了理解便会感到莫大的欣慰，更会随之不惜付出各种代价。

有一次，一个研究对数计算器的工程师告诉王安，公司的工作计划同他在几个月前达成的夏季租房协议发生冲突。王安听后当即表示，如果因为对数计算器问题打乱了他个人的计划，他可以到王安自己的别墅去度假。这句话使这个工程师大受感动，为了研究课题项目，他不仅没有去别墅，反倒把自己整个的假期都搭上了。

现实中，当团队出现冲突的时候，人们往往会从自身的角度出发考虑问题，这就导致了冲突的不可化解。如果你尝试着走进他人的内心世界，从他人的角度来考虑化解冲突，得出的答案总会不同。作为团队的成员，在处理冲突事件的时候，每个人都应该站在对方的立场上为对方的利益着想，这样有利于自己心态的调整，从而化解冲突。

培养好奇心

有一点好奇心，才会让人谦虚地放下身段看看他人的内心世界到底是个什么样，让人暂时放下自己的主观来理解别人的主观，才能开始较为正确地思考。

学会关心他人

一个不会关心他人的人，又何谈为他人考虑，何谈走进他人的内心世界？在团队中，当他人遇到困难的时候，要主动提供帮助，在帮助他人的过程中，你就会了解到他人的一些想法、处境等等。时间长了，就会培养起想他人之所想的习惯。

角度要正确

许多人也站在别人的立场上来看待冲突,但是他们或是站在自己的位置上去猜想别人的想法及感受,或是站在他人的立场上去想别人应该会有什么样的想法和感受。这样,不但不能及时化解冲突,还会因为你对对方的误解而使冲突恶化。

应该思考的问题

在思考的过程中,要注意从以下问题入手,思考解决冲突的办法:

(1)为什么会变成这样——找出对立的原因。

(2)对方为何要如此坚持——是为了名吗?还是利呢?

(3)为什么自己要那么坚持——试想这是不是值得钻牛角尖的事呢?

(4)自己的主张真是正确的吗?团队成员如此坚持自己的意见,是不是因为管理者自己的主张有缺陷呢?还是自己坚持错误?

(5)自己的表达方式是不是有问题?即使自己的观点是正确的,但如果表达方式有了问题,就会伤了团队成员的自尊心,让团队成员很没有面子,所以要改进自己的沟通方式。

(6)即使说不过别人,也绝不表示你输了。

(7)有必要固执己见吗?如果能退让一步对双方不是都很好吗?

(8)把团队成员当成敌人,无时无刻讨厌着对方,会如何呢?但想想看,这又能给双方带来什么好处?

(9)要怎么做才能平息争吵呢?试着改变说话方式,承认对方的立场也有好的一面,并且将这个想法传达给对方。

(10)想办法给对方一个台阶下,或者自己找一个台阶下,若双方都明白对方想退一步的话,往往会产生好结果。

如果你是团队的管理者,就要试着去了解每个人,理解每个人。每个

第四章 做下属欢迎的领导，还是下属畏惧的领导

人都会有自己的麻烦与困难，当他们身陷其中时，当他们的某些个人利益与你的团队或是与你本人的利益发生矛盾时，其实他们也感觉到非常的为难，常常令他们无所适从。这时，你作为他们的领导，就要展现出一位领导的博大胸怀，多体谅他们，宽容他们。你的理解很容易就能打动他们，因为这个时候恰恰是他们的心灵最脆弱的时候。所以，作为团队的管理者，在带队时，就不应过于死板，过于计较某些小的利益，而是学会去理解和关心他们。

5．学会倾听，让职员把不满说出来

"让职员把不满说出来"，这句话出自有"世界第一CEO"之称的前美国GE集团首席执行官杰克·韦尔奇。"让职员把不满说出来"，实际上是一种沟通。通过这种沟通，可以实现企业内部管理信息的"对流"。一方面，倾听职员发自内心的呼声、意见和建议，便于企业决策层、管理层撤销不合理的管理办法，制定出更加科学合理的制度，提高管理水平；另一方面，听到来自企业决策层、管理层的准确声音之后，职员的顾虑、猜疑和不解就会烟消云散，工作起来心情舒畅，把更多的精力投入到创新生产技术、提高工作效率上，增强企业竞争实力。

因此，对管理者来说，与职员进行沟通是至关重要的。通过沟通，管理者可以了解企业存在的问题，职员可以了解公司的实际情况，从而推动企业的发展，否则将会给企业带来很大的影响。

此外，作为一个经营管理者，不可能所有的工作都做得非常完美、滴水不漏，总有一些事情处理得不公平、不恰当，一些重大决策制订得不合理，一些管理工作做得不到位，使职员产生了不解或不满情绪，这时，如果管理者不能和下属进行有效的沟通，让下属把不满说出来，并及时处理，就会使职员的不满和怨气越聚越多，越积越重，直到企业发生严重的管理危机。

因此，"让职员把不满说出来"不失为一种很明智、很可取的化解职员矛盾的好方法。

IBM的小沃森给我们树立了榜样，"敞开大门"，让职员去倾诉，起到了提高士气和适时解决问题的作用。这是老沃森在20世纪20年代初采取的交流措施，这种措施能起到伸张正义、及时解决问题的作用。

小沃森执掌IBM后，仍然利用"敞开大门"的方法来衡量IBM的健康状况，了解企业和职员的情况。小沃森认为，这是用其他办法无法办到的事情。有意见的IBM职员最初可以向他们的直接主管诉说苦衷，但是如果得不到解决，他们有权直接找小沃森。

有一次，一个职员的抗议导致小沃森彻底改变了IBM决策层的办事方式。波基普西工厂的一个即将被开除的机工找到小沃森，愤愤不平地说："主管待人不公平！我干的活比车间的任何人都多，而我拿的工资却最少！"

小沃森带领高级经理走遍了在美国的所有IBM工厂，从而制定了将工资同业绩挂钩的决策，而在这之前按时或按件取酬是被IBM所鄙视的，因为老沃森认为那样做不能给所有IBM职员带来美好生活。

"让职员把不满说出来"这句话说起来容易，做起来很难。这需要管理者态度诚恳，能够洗耳恭听下属的意见，甚至是批评的意见，而不是走走形式，做做样子。

奇异公司的管理者就是一个很好的典范。

奇异公司管理模式中，Workout合力促进专案是最被推崇做为标竿学习的对象，它有效地塑造了一个无藩篱障碍的公司，让职员能真诚的沟通，勇于向能解决问题的人，说出心中的话，与主管面对面的沟通。这样的机制也改变了奇异主管对管理的概念，那就是倾听职员的意见成为主管管理工作的一部分。

在一次会议中，有一位工厂工人说他在奇异公司工作20多年了，他的工作一直很尽职，表现也很好，他很热爱这个公司，也受到公司的多方肯定。但是他看到工厂中有一件蠢事，不得不提：

他的工作是操作工厂中一部高价值的机器，这个工作必须戴手套才行，在操作中手套很容易就损坏，须经常更换，而依工厂的规定，要申请一副手套，他必须请别人代班照顾机器，若没人可代班就必须停机，然后走到另一幢大楼，去仓库填写表格，找主管核定后，再送回仓库才可以领到一副新手套。他大概算了一下，这个过程平均每次要花一个小时。

这位职员说："不知为何工厂要这么规定？"

总经理听了他的问题，反问在场的主管："为什么会有这个规定？"

现场沉默了一段时间，才有人小声的回答说："我们曾经遗失过一箱手套。"

总经理听了立即下令："将手套箱放在靠近使用者的楼层中。"

"水可载舟，亦可覆舟"，职员就像水一样，如果管理者行为不端，职员民怨沸腾，主管可就有翻船的危险了！因此，一旦发现职员的不满就要积极倾听，及时处理。

通常情况下，职员的不满主要来自于薪酬、工作环境以及同事关系。那么作为团队的管理者，当下属说出心中的不满时，该如何对待呢？以下几个方面值得参考：

要乐于接受

抱怨无非是一种发泄，抱怨需要听众，而这些听众往往又是抱怨者最信任的那部分人，作为管理者，只要下属愿意在你面前尽情发泄不满，你的工作就已经完成了一半，因为你已经成功地获得了他的信任。

要尽量了解不满的起因

没有谁会无缘无故地抱怨，下属心存不满，就说明肯定是你所在的团队在哪个方面出现了问题。管理者这时候要尽可能地去了解职员不满的起因，这样才能为解决后面的问题打下基础。

要注意平等沟通

事实上，下属许多的不满是针对小事，或者针对不合理不公平，它来自下属的习惯或敏感。对于这种抱怨可以通过与抱怨者平等沟通来解决，先使其平静下来以阻止抱怨情绪的扩散，然后再采取有效措施解决问题。

不管怎么说，作为一名管理者，如果不能与下属进行行之有效的沟通，不能了解职员的需求，那么，这个管理者就是个不称职的管理者。优秀的管理者能够敞开大门，让下属畅所欲言，把想说的话说出来，这样既可以了解许多事情的真相，还能及时并妥善地解决团队中存在的问题，有利于团队朝更好的方向前进。

不懂销售管理，如何出业绩？

第五章

永远别指望下属能自动成长为精英

团队的进步发展及其所能取得的业绩都是建立在团队成员的不断成长之上的。要带好团队就必须给予职员充分的信任，然而这种信任并非是将工作任务交代下去后就放任不管。假如没有要求与标准，下属是不可能自动成长为精英的。因此，作为团队的管理者，要采取相应的办法，引导并帮助团队成员自我成长。

1. 帮助下属正确地认识销售工作

在跟一些团队管理者接触的过程中，我常常听到他们抱怨，说自己团队中没有优秀的人才。有的甚至会说，如果自己的团队有那么一两个优秀的销售员，肯定会取得比现在不知道要好多少倍的业绩。他们在抱怨完后，就像事先商量好了一样，问我如何才能找到优秀的人才。

跟这些经理们一样，不少管理者总在不停地寻找优秀的销售员，把能否取得较好的业绩放在是否能找到更优秀的销售人员上。没错，我们确实应该为团队招募到更为优秀的人才，但是在这儿要问一句，那些优秀的销售员是天生的优秀吗？

其实，没有谁是天生的销售高手，他们之所以优秀都是在工作中慢慢成长起来的。作为团队的管理者，我们要带好团队，取得优异的销售业绩，除了要吸引优秀的人才加入之外，还应当帮助现有的团队成员成长，指导、引领他们，让他们从"普通"成长为"优秀"。因为，很少有人会自动自发成为精英的，即便有，他们也会因为经历或者其他方面的原因，导致成长的速度较慢。优秀的团队管理者意识到了这一点，并积极地采取方法让团队中的每一个成员成长为销售精英，进而让自己的团队变成一个精英团队。

那么，我们如何才能促使团队中的成员得以快速的进步呢？当然是业务能力的训练。在这儿，要提醒你的是，你要想让自己的团队成员得到快速地成长，首先要做的就是帮助团队成员正确地认识销售这个职业，这是团队成员能否把销售工作做好的根基，否则的话，无论你采取任何的方法都是难以让他们真正地成为优秀的销售员的。这就像是在盖房子，你连地

第五章 永远别指望下属能自动成长为精英

基都没打好，能建起漂亮而稳固的高楼吗？

对此，有的人可能不屑一顾，销售不就是把东西卖出去吗？没错，销售是要将东西卖出去，如果我们大家的认识都只是停留在这一层面，虽说能够取得一定的销售业绩，但极其有限，并难以真正做大做强。

为什么这么说呢？原因很简单，那就是我们对于销售的认识直接决定了我们的工作态度。例如，有的销售员虽说工作积极，不停地向客户推荐产品却不断地遭到拒绝，在遭到拒绝后又去寻找新的客户，但始终难以成交；还有的销售员顺利地将产品或者服务销售出去了，但客户却有着没完没了的异议，不仅仅客户自己不会再产生任何的消费，还会建议周围的客户不要购买类似的产品或者接受类似的服务……这些难道不是我们常看到的现象吗？而这些不正是团队获取更好的业绩与成长的阻碍吗？

销售，并不是像我们大多数人认为的那样简单，它不仅仅是将产品或者是服务销售出去，而是给予有需要的人提供帮助。同样，销售也不是我们所认为地向客户介绍产品或者服务有多么的好，而是用一颗真心去面对客户，设身处地为客户着想，让他们在接受了你之后，进而了解和接受你所推荐的产品与服务。

你要想带好团队，取得优异的业绩，就必须让团队成员对销售有一个正确的认识，切不可把销售当成是将东西卖出去，并把销售出去的产品数量跟他们的所得划上等号。不然，你的团队虽能得到一时的欣欣向荣，但终究会被市场、客户无情地淘汰。

告诉你的团队成员：销售是为了帮助需要帮助的人

在销售员中有两种人最为常见：一种是觉得自我销售的产品或者是提供的服务一无是处，以至于在向人推荐时，所做的只是蜻蜓点水般的试探，当发觉对方不感兴趣后就放弃，寻找新的客户；另一种则是面对客户时，口吐莲花，能跟对方说上 N 长时间，不管对方有没有这方面的需求，都会采用一切方法让对方购买。前一种销售员难以取得较好的业绩,而后一种销售员往往能够在一段的时间内取得令人羡慕的业绩,但时间一长,也难以取得订单。

这两种销售员对团队的长期发展来说都是不利的。他们之所以会如此,就是因为没能够认识到销售工作的意义。在你的团队中是不是有着类似这两种销售员呢?如果有的话,敬请告诉他们,销售真正的意义不是在于把产品或者服务卖出去,而是去帮助有需要的人,给予他们方便。

对于第一种销售员,你可以这么跟他们说:每一个人的需求都是不一样的,你可能觉得所销售的产品或服务没有什么实际的用处,但是这只是对于你个人而言。为了让他能够很好地明白这一点,你不妨给他们打比方:这就像是在你吃饱了以后,给你一碗蛋炒饭,你觉得没什么用,但是对一个饥饿的人来说却很重要。

对第二种销售员,你可以让他换一个角度去思考,当自己在销售员的推荐下购买对自己没有任何实际用处的产品时,心里会怎么想。你应该告诉他们,只有自己的产品或者服务能帮助他们解决某方面的问题,或者是满足他们某方面的需求时,他们才会再次购买,并且向熟人推荐。这样我们才能取得更为喜人的业绩,反之,则是一锤子买卖,会给自己销售的产品、服务带来负面的影响。

事实上,无论是对第一种还是第二种销售员,你都可以让他们想象一下,客户在使用产品或者服务的过程中得到满足的景象,以及个人得到客户认同后的心理,那比什么都能够让销售员感到满足。

让你的团队成员知道:销售的不仅仅是产品更是人品

客户是否能够接受我们推荐的产品或者服务都是从接受我们本人开始的,让客户相信销售员。不然,即便销售员的口才再好,所推荐的产品多么符合客户的需求,客户都会有所犹豫。因为他们连你都不相信,怎么会

第五章 永远别指望下属能自动成长为精英

相信你所推荐的产品或者服务呢？

由此，你应该要求团队中的每一个销售员在面对客户的时候，无论是从形象还是言谈举止上都要给对方留下一个好的印象，并且要求他们用一颗真诚的心去面对客户，始终要让客户觉得：我是来帮助你的，看看是不是可以帮助你解决某些方面的问题。

让你的团队成员明白：被拒绝是再正常不过的事

在现实中，有许多的销售员在开始的时候信心、热情十足，但是在被拒绝过几次后，便变得消沉起来。此时，作为团队的管理者，你可以通过讲述自我经历的方式，或者其他成功销售员的故事，让他明白：没有拒绝就没有销售，拒绝就是销售的开始。从而让他们能够调整好自己的心态，去开展新的销售工作。当然，你也应该帮助他们分析客户为什么会拒绝，让他们掌握必要的销售技巧。

创造业绩需要激情，激发成员内心的欲望

对有些销售员来说，即便是给予再高的提成，用最为严厉的规章制度管理也难起到作用，他们依然会不紧不慢地按照原有的节奏去做自己的事，在你的团队中是否有着这样的成员呢？

相信，每一个团队的管理者都不希望自己的团队有这样的下属。他们似乎对任何的事都不感兴趣，也很少会积极主动地去想如何开拓客户源、怎么才能够取得更好的业绩，只是按照自己的方式机械地执行，不停地犯着类似的错误。

你是不是对他们的这种工作态度感到无法理解，觉得他们没有一点的上进心呢？其实，他们在开始做销售的时候，跟你以及那些优秀的销售员没有任何的差别，甚至比你们当初更有信心、热情，只不过是在实际的工作中不断地受到失败的打击，或者是其他方面的原因，让他们失去了信

心,变得有些麻木了。他们已经失去了原有的工作动力,现在之所以还在做销售,所图的只不过是薪水而已。

像这样的销售员典型是为了"薪水"而工作的人,而且要求还不算太高。你想想看,像这样的人能自动自发地工作吗?你的高提成可能会让他们振奋一阵子,但在努力了一段时间没有取得所要想的业绩后,又会归于常态。至于规章制度,给他们带来的约束力以及压力也小得可怜,甚至可以忽略不计。他们虽然按照你说的去做,但从来不考虑怎样才能做得更好,只求差不多就行。倘若真的没有办法了,大不了换一家公司,依旧可以领固定工资,可以像以前那样活下去。

不要觉得我说得危言耸听,在我们的身边有很多的销售员就是这样的。在这儿要给你说的是,无论你采取什么样的激励措施,或是给他们施加压力,都是不可能让他们变得积极主动起来。在面对这样的销售员时,你最重要的就是帮助他们重拾做销售工作的动力,重新点燃他们内心的欲望。事实上,一旦你能够将他们心中的欲望点燃,几乎不用你吩咐,他们就会自动自发地去做事。

有一个销售团队,团队中的职员工作积极性不怎么高,所能取得的业绩自然也不会好到哪儿去。在换了N任主管以及采取了不少的方法没有得到实际改善后,该公司又高薪聘请了一位主管。

这位新主管在上任后召集该团队所有的人开了一次会。在会上,他没有过多地说什么,只是问了几个问题。这些问题分别是:你们为什么要做销售?你们想不想要改变现在的生活状态,活得更幸福?能告诉我你们这辈子最想要的是什么吗?也不管在座的人有什么反应,他在问完这几句话后,便离去了。

也就是这几个问题,让该团队成员的内心无法平静下来,想了很多很多。然而,在经过一段时间的沉默后,他们没有等待新任上司的吩咐,自动自发地开始忙起手头上的工作来。在接下来的日子里,新任主管又根据每一个职员所遇到的实际情况给以相应的支持与帮助。谁都想不到的是,一个月后,这个团队取得了令人吃惊的业绩。为此,新任的主管又抓住时机开了一个庆功会,在庆功会上,他只简单地说了一句:"永远不要忘记自己想要的是什么,只要你真的想要并去做就能得到。"

在这个世界上,没有人真的甘心平平庸庸过一生,谁都希望能成功,成为万众瞩目的大人物。说得直接一点,就是每个人都希望能够过上美好的生活。只不过,在很多的时候,由于现实太残酷,让他们渐渐地忘却,不敢再去想罢了。但是,有一点可以肯定,那便是他们始终不会真的忘记。

作为团队的管理者,你一定要知道这一点,并采取适宜的方式把他们内心深处沉睡的欲望再度唤醒,再激发出他们无限的激情、斗志,从"被动"变为"主动"。

学会用成功人士的经历去刺激他们

崇拜成功者,并希望像他们一样成功,是人们普遍的心理。在团队的会议以及例会中,你可以向他们分享一些通过销售而改变命运的成功人士的故事,类似这样的故事有很多,例如乔吉·拉德、原一平、徐鹤宁等等,你可以从网上或者相关销售的书籍上找到。

不过,你在分享这些成功人士故事时,要向他们传递出这样的一个信息——销售是一个具有挑战性,实现自我价值,获得成功的最佳职业。当你经常跟他们分享类似的故事时,便会在他们的心中留下较为深刻的印象,再加上人们崇拜、相信权威的心理,会让职员产生这样的一种想法:他能做到,我怎么不能做到呢?

如此一来,你给予他们的不仅仅是希望,还有信心,他们又怎么不会在工作中变得积极主动起来呢?

适当地制造"诱惑"

我有一位在某公司担任业务部经理的朋友,他跟我说起这样的一件事。他的下属中有一个脑子灵活,想法很多却行动很少的年轻人。我的那位经理朋友其实挺看好这个年轻人的,但是由于这个年轻人的想法不能转变成为行动,在工作上的表现以及所取得的业绩也就一般。虽说,经理朋友也善意地提醒过他几次,但是没有什么实际的效果。见此情景,他想了很久决定跟年轻人好好谈一谈。

"能跟我说说将来有什么打算吗?或者有什么理想吗?"我的朋友问道。

那个年轻人听后,显得情绪有些低落,在经过一段时间的沉默后,叹了口气说:"有想法又能怎样,我有机会吗?"

在年轻人说完那句话后,伴随着的是无尽的牢骚与抱怨。经理没有打断他,只是在一旁倾听,直至年轻人说完,才开口说道:"你不去做又怎么会有机会呢?"紧接着,他把自己的经历说了出来,告诉那个年轻人只要心中有一个目标,尽力去做并坚持下去,迟早都会成功,并且用充满形象的语言向那位年轻人描绘出未来的美景。

说来也奇怪,就在那次谈话后,年轻人变了,经常还将想法付诸于行动,并在实践中一步步地得以成长。现今,那个年轻人已经成为了我朋友最得力的助手。

为什么会这样呢?说起来很简单,那就是我的那位朋友在那个年轻人的心中埋下了一个成功的种子,或者说是欲望的种子。每一个人对未来都有着美丽的憧憬,而这种对于未来的憧憬恰恰就是人们奔跑、努力的动力之源。在适当地时候,将团队成员对于未来的憧憬挖掘出来,就会在一定程度上起到"诱惑""刺激"团队成员的作用,让他们能自动自发地创造出优异的业绩。

第五章　永远别指望下属能自动成长为精英

予以适当地帮助，用成果培养信心

要提升团队的士气，让每一位销售员充满激情地面对工作，你不但要点燃他们心中的欲望，还要让他们觉得目标可以实现。否则，可能会让他们心里牢骚、抱怨更多。你想想看，他们充满了信心去做一件事，可是迟迟未能成功，能不对自己产生怀疑吗？

予以适当地帮助，说起来很简单，但应该怎么做呢？首先，你在安排工作任务时，应遵循从易到难的规律，即让他们先做一些容易取得成功的任务。其次，在他们执行遇到困难阻碍时，应及时地帮助他们分析，让他们寻找到最佳的解决方案。当然，在他们取得成功后，不要忘记予以相应的鼓励。这种鼓励可以是口头上的表扬、肯定，也可以是相应的物质上的奖励，具体采用哪一种方式可根据团队的实际情况而定。

2. 人才是定位出来的，销售精英也是如此

如果大多数的人业务能力一般，销售业绩也就不会好到哪去。于是，有许多的人便想尽办法花了许多的精力以及物力让优秀的人才加入了团队，但遗憾的是，那些优秀的人才，要么是干不了几天就离开了；要么就是一段时间后，你才发现并不是真正的优秀。

优秀的人才到底在哪儿？为什么在自己的团队中就没有所希望的优秀人才呢？相信，这是让许多团队的管理者感到疑惑的事。事实上，我们的团队中并不是没有人才，而是没有给予团队成员明确的定位，让他们承担起相应的责任，给予他们相应的要求与标准成长为优秀人才。

在某销售团队，新招收进来一位名叫骆超的销售员。由于他性格比较内向，很多的人并不太看好他，觉得他在这儿待不了几天就会自动离开。可是，该团队的管理者却不这样认为，反而觉得骆超用不了多少的时间一定会干得较为出色。事实上，结果正如那位团队的管理者所认为的一样。

很多人难以想明白，那位管理者是如何把一位大家都看不好的销售员变成了销售精英的呢，答案其实很简单，给予骆超一个明确的定位——你是一名优秀的销售业务员，赋予他相应的责任，让他全力去做，并予以相应的要求标准。那么接下来，我们就一同来看看，那位团队的管理者具体是怎么做的。

在骆超到公司报道的第一天，那位团队的管理者就跟他进行了一次长谈，让他知道了自己在团队中的位置，以及应当承担的责任——把公司的产品或服务推荐给客户，并达成成交。不仅如此，该管理者还给他规定了

第五章 永远别指望下属能自动成长为精英

硬性的指标,即每天要拜访的客户人数,以及所要取得的业绩。当然,在对他提出要求的同时,还给予了相应的鼓励。从第二天开始,这位团队的管理者就根据前一天的表现对骆超的工作进行检查,当出现问题的时候,予以帮助、指导。就这样,骆超在团队管理者的要求、帮助以及鼓励下,业务能力得到不断地提升,并最终成长为团队的销售精英。

你是不是还在抱怨团队没有人才,销售员不够优秀呢?在这儿要告诉你的是,你完全可以打消这一念头,只要你告诉团队中的所有成员他们都是人才,最终都能成为优秀的销售员,并交付给他们相应的工作任务,让他们去做,就能朝你所想要的方向发展。

不要有所怀疑,除了上面列举的事例外,再想想我们的成长过程,不就是被他人所定位出来的吗?例如,我们小的时候,可能因为某次随手在纸上画了一幅画被家长看到,他们发现了我们的绘画天赋,于是便给我们买来画笔,请老师来教我们画画,逐渐,画画就成为了我们的强项;再打一个比方,你有一次作文写的很不错,老师便夸奖你有写作天赋,并且特意给你指导,可能此事激励你走上了创作的道路……类似这样的事情举不胜举。

由此可见,我们要促使团队成员不断地进步,提升团队的整体业绩,就必须予以团队成员明确的定位。

帮助团队成员树立自信心

成功源于自信,要想提升团队成员的销售能力,首先就要帮助他们建立起自信心,让他们相信自己能够把销售工作做好,并且能取得较为不错的销售业绩。那么,我们怎样才能帮助团队成员建立起自信心呢?这就要求我们在面对销售员的时候不要吝啬赞美与鼓励。例如,我们可以经常夸奖他们某些方面的优点,并且告诉他们这些优点恰恰是一个优秀的销售员所应该具备的。当他们在销售过程中遇到困难阻碍时,向他们传递出你相信他有能力解决此事的信息。当他们完成某项工作任务时，及时给予赞美，并且说自己在一开始就相信他们会做到。

人往往很容易受到他人的影响，尤其是受到上司的影响。我们不断地对下属予以肯定，告诉他们做得不错。这样，不但会树立起他们的自信心，慢慢地还会引导着他们朝上司所期望的方向发展。

明确每个人的工作量，量变才能引起质变

有一句俗话说得好"熟能生巧"，作为销售员要想提升自己的销售能力，就必须不断地去做与销售相关的事，并且是越多越好。事实上，很少有销售员第一次做销售工作就能够获得不错的销售业绩。作为团队的管理者，我们要想提升团队成员的销售能力，就应该想办法让下属去见更多的客户。具体的办法，就是给团队的每个成员规定每天最低的工作任务量，如要拜访多少新客户，回访多少老客户……量的变化才能引起质变，只有在不断拜访客户的过程中积累到更多的经验，才能让团队成员的销售能力有一个质的飞跃。

对特殊的人要有特殊的要求

世界上没有相同的两片叶子，更不可能有完完全全相同的两个人。对任何的一个团队来说，因为家庭出生，所受的环境以及经历不同，在能力上面也有所差别。作为一名优秀的团队管理者，我们就要学会予以区分，并且对其中一些能力较为突出的人予以特殊的要求：给予他们更为重要的工作任务，用更高的标准去要求他们。虽说这样可能会让他们承受的压力增加，但你也没有必要过多地去考虑那些，因为如果他们连这样的考验都接受不了，又怎么会成为你团队中的核心人员，成为你的得力助手呢？反而，那些无怨言的人，才是团队真正需要的人才。

3. 带新人的三字诀：传、帮、带

传，就是传授给团队成员相应的销售经验与技巧；帮，就是团队成员在实际的工作中遇到困难阻碍后，予以指导、协助，帮助他们解决问题；带，就是让老职员带着他们工作一段时间，让他们更快地了解团队并融入。作为销售团队的带队人，我们要带好团队，就必须做到这三点，尤其是当团队中有新进的销售员时。

为什么这么说呢？

首先，从团队来说，每一个团队都有着自己与众不同的地方，例如，销售的产品或者提供的服务、工作流程、规章制度等等。作为新进的销售员刚进团队肯定会有一个适应的过程。与其让他们自己花较长的一段时间去适应，不如让老职员带他们，老职员会将团队的情况、自己在工作上的经验心得等传递给新职员，如此一来，新职员就能尽快地融入到团队中，将自我的能力发挥出来。

其次，就销售员自身来说。他们所销售的产品和服务不同，势必所面对的客户群体以及应该采取的销售方法就不同。新职员可能没有这一领域的相关工作经验。虽说，在实际的销售过程中，经过一段时间，他们会积累到相关的工作经验，总结出相应的销售方法与技巧。但是你要知道，现今是一个依靠效率取胜的时代，你可以给他们时间让他们慢慢地摸索，但市场、公司会等你吗？

在新的销售员加入之前，团队原来的老成员已经积累了不少的销售经验和技巧，分享给新的职员，就会让他们更快地进入到实际的销售过程中，获得较好的业绩。

再者，在实际的销售工作中会遇到不同程度的困难与阻碍，而作为新进的团队成员本身对于工作不了解，还没有完全融入到团队之中，就很少会主动去寻求别人的帮助，大多数的情况下只是闷着头去做。但是，随着他们一次又一次没能把问题解决掉，不仅仅信心会逐渐消失，而情绪也会受到相应的影响。如此一来，不仅自身难以把工作做好，还会对整体团队带来负面的影响。

如果我们想提升团队成员的销售能力，尤其是新进销售员的销售能力，就必须把目光聚焦到他们身上，去教他们，帮助他们进步，千万不要认为他们能自动成长为销售高手，更不要把希望寄托在优秀销售员的加入上。

成功的销售团队管理者，不是因为团队的成员原本有多么优秀，而是在于如何让他们变得更为优秀。

站在对方的角度多想一想，永远不要认为自己说得够清楚了

有这样一个故事：

一次，某公司的职员看到领导拿着一张纸站在碎纸机前。他走过去，问领导是不是需要帮忙。领导点了点头，他便从领导手中接过那张纸，塞进了碎纸机。但是没想到的是，领导却站在那儿一动不动，盯着碎纸机看。他不由得感到有些奇怪，便问领导是怎么回事。领导说："怎么还没有出来呢？"原来，领导是想将那张纸的内容复印一份，而不是要把它粉碎掉。

我们都习惯站在自己的角度去看待问题，认为他人跟我们所想的一样，上面所说的那位职员以及领导，如果能换一个角度站在对方立场去想想，就不可能出现这种令人啼笑皆非的结果。仔细想想，在面对团队成员时，你是不是也犯过类似的错误，觉得自己已经说得够多了，够清楚了，他们还不明白吗？其实，他们所认为的有可能跟我们所想的完全不一样。

第五章 永远别指望下属能自动成长为精英

因此，当我们在与团队成员分享销售经验以及技巧时，应站在对方的角度去想：他们怎么样才能够更好更快地接受并学会？又容易在哪些地方出现分歧？如何在他们工作的过程中予以跟进，纠正他们的不足之处？

适当地陪同他们去拜访客户

作为新进的团队成员，即便再怎么有潜力，一旦遇到事先没有预料到的问题，他们同样难以应对。不仅如此，在实际的销售过程中，他们也会有表现不到位的地方，如果团队经理不在他身边及时提醒，新职员是很难意识到这些问题，并且改正的。更为重要的是，当我们在陪同的时候，他们会因为有人支持，信心也会强很多，其表现也要比他独自一人去开发客户好很多。

在这儿要提醒你的是，在陪同的过程中，我们应该记住自己所扮演的角色，把主动权交给销售员，让他们去开发客户，与客户交谈……切不可一看到哪儿表现的不好，就自己代劳了。

你应该做的是，让他们自己去面对，即便表现得不好，也不要当面指出来，而是在事后加以提醒，让他们意识到问题出在哪儿，慢慢的他们就会改正过来。你可以像下面这样说。

"你这次表现很不错，不过我觉得如果你能够稍微注意一下 xxx 方面的话，效果可能更好。"

人都希望得到别人肯定，先予以对方肯定，再委婉地将对方的不足说出来，对方就会较为容易地接受，并乐于改正。

学会激励与鼓励，销售员才能不断战胜困难获得进步

每一个销售员，尤其是新加入团队的销售员，都希望尽快做出业绩，并且希望不断地创造出优异的业绩。也就是因为如此，他们比任何人都有热情与激情。但由于他们是新人，对很多方面的情况不甚了解，所遇到的

困难与阻碍也就较多,所以更容易失败。

一次失败,可能不会对其带来多大的影响,但是次数多了之后,所带来的影响就无法预估了,这会让他们对自己的能力产生怀疑……久而久之,内心就会越来越挣扎:"我是不是选择错了,我是不是该重新考虑换一份工作呢?"一旦产生这样的念头,工作也会越来越懈怠,遇到事情总是找借口躲避,结果最后连尝试的勇气都没有了。

面对困难阻碍时,我们缺的并不是能力与方法,而是解决问题的信心与勇气。当你发现他们遇到困难阻碍时,就要适时地予以激励、鼓励,就像是给他们打了一支强心针,会予以他们无限的信心与勇气,从而能够正确地面对困难与阻碍。

4. 学会良性施压，"逼"团队成员进步

在管理领域，有一个著名的耶基斯和多德林法则。该法则认为，工作压力与工作绩效之间有一定的联系，刺激力的最佳水平能使业绩达到顶峰状态。

所谓刺激力的最佳水平，就是适度的良性压力。心理学研究证明：压力较小时，工作缺乏挑战性，人处于松懈状态，缺乏工作动力，绩效也因之而受到影响；压力过大，超过人的心理承受时，人就会处于焦躁、烦恼的状态，压力就会变成阻力，从而使工作效率降低；而适度的压力，则能激发人的活力，使之产生动力，驱使他们更卖力地工作，把工作做得更好。

王永庆曾说："赋予一个人没有挑战性的工作，是在害他。我觉得人的潜能是无穷的，给予没有挑战性的工作，这个人的潜能根本无从发挥，他的一生就完了！"他认为，杰出的人才只有在强大的压力下才会培养出来。所以，管理者不妨给下属施加点压力，"逼"他进步。

王永庆把台湾塑胶集团推进到世界化工工业的前50名。几十年来，全球化工行业一直把王永庆尊为"经营之神"，其经营之道更是倍受推崇。可以说，台塑公司王永庆所取得的成功，很大一部分原因是仰仗其成功的管理模式，而"压力管理"是台塑最为突出的管理经验。

王永庆曾苦口婆心地教导志明工专的学生："完成专科教育，只能为你们奠定做事的基本能力，你们要认清这一点。踏出校门之后，要有决心接受三年的辛苦磨练，唯有如此才能有成就。如果在座每位都能这样做，

我相信成功会属于你们。因此，我奉劝各位考虑接受具有相当压力的工作环境，在这种环境中，才能真正锻炼出你的本事。否则，即使你懂得必须吃苦，有意接受磨练，可是在工作相对轻松压力较小的环境中，任何人都难免因为处于安逸之中而逐渐放松，最终毫无成就。"

王永庆不但善于教导别人进入有压力的环境中接受挑战，而且更善于营造充满压力的环境。从职员刚进企业的第一天开始。他规定新职员不论身份、学历，都要先到基层现场学习6个月，并接受训练。新职员在训练期间的每项要求都要进行考核，而且每周一次，考核的结果要列入今后的人事考核档案，因此受训期间，他们的压力很大，讲义与笔记达数十公斤。为准备考试，他们常常要温习功课至深夜，其紧张程度绝不亚于高考备战。

除准备每周的考试外，还要撰写心得报告，以备结训典礼上"综合检讨会"的抽查。"综合检讨会"是由王永庆亲自主持的，会上他要当场抽选10~15名学员上台发表心得与感想。听完报告后，王永庆当场加以评定。所以直到"综合检讨会"结束他们的心都一直悬着，无时无刻不在和自己的情绪作斗争。

在王永庆的压力管理中，最著名的当属台塑的主管人员最怕的"午餐汇报"。"午餐汇报"由台塑总经理室安排，以便了解对总裁命令的执行情况，并考验各单位主管与幕僚人员的能力，每一个单位都有轮到的机会。只要王永庆在台湾，几乎每天中午都要举行这种吃便当式的"午餐汇报"。

"午餐汇报"的内容通常以各单位的经营状况或是遇到的管理困难为主。届时，王永庆会亲自主持，他会十分认真的听取报告单位的报告，一旦听到有疑问的地方，他就会立刻将报表折一个小角，接着，他会瞅准时机以其惯有的"追根究底"的方式不断发问。如果准备不充分，一旦被问倒，对报告者以后的发展就会有很大的影响。所以，报告者大多提心吊胆，唯恐准备不周，当场出丑。因而"午餐汇报"上的竞争与淘汰程度以及参会者的压力是可想而知的。

正是由于"午餐汇报"给人以莫大的压力，才使台塑的职员对自己的工作兢兢业业，在会前做足准备，从而使集团企业经营上的难题，都经由这一场主管们担惊受怕的"午餐汇报"迎刃而解了，各种经营改善提案也在点点滴滴，积少成多，由小而大，成为了台塑追求合理化的主要推动力。

王永庆就是这么管理职员，管理企业的。也许你会说王永庆对自己的职员真是够苛刻的，但他对自己比对职员的要求还要严格。他每周的工作时间在100小时以上，他对企业运作的每个细节都了如指掌，这简直让人难以相信。

有效的压力管理，能促进职员积极努力地负压奋进，不断地创造新的业绩，使企业不断地充满生机和活力。王永庆的"压力管理"，是在人为压力逼迫下的管理，使职员随时都处于压迫感之下。台塑集团也正是因此而兴旺发达，从而成为台湾首屈一指的大企业。

管理者要激发职员的加速能力

以目前所属职员的努力标准来看，已具备多少销售能力（或是生产、处理其他业务的能力）这叫作"标准能力"；如果稍微施加压力，还能达到什么水准，这叫作"加速能力"；管理者必须先了解下属职员的"标准能力"，在此基础上，施加一定的压力，从而实现"加速能力"。

对于不同的职员，应该使用不同的施压方法

较为常见而有效的施压方法有以下两种：一是时间设限法。所谓时间设限法，就是为下属设置一个完成工作任务的最后期限。许多人在做工作时，都有拖拉的毛病，不到最后关头不着急。如果有一个人拖延时间，势必会影响整个系统的工作。所以，管理者在给下属布置工作之前，应该事

先估计一下该项工作需要完成的时间,然后在布置工作任务的同时,提出完成该项工作任务的时限要求,并说明超过时限将要受到的处罚等。这样,职员就会在有限的时间里抓紧工作,把任务完成好。二是良性竞争法。竞争有不良竞争和良性竞争之说。不良竞争,会导致弄虚作假、勾心斗角,这无疑会影响工作的正常进行,所以,管理者一定要注意从行为方式上和制度上有效地遏制组织成员之间的不良竞争,促进组织成员之间的良性竞争。

没有压力就没有动力。压力不但可以激发一个人的潜能,而且是造就一个杰出人才的必要条件,在带销售队伍时,如果能合理的掌握职员承受压力的能力,适当地给他施加一定的压力,他一定会在你的"紧逼"下,进步神速。

5. 激励后进者，偶尔给他们打张好牌

在任何一个团队之中，总会有些成员无论是在工作中，还是在跟同事上司接触的过程中显得不怎么自信。他们的这种不自信原因有很多，但是作为团队的管理者要密切地注意到这一点，并且想方设法提高他们的自信心。

在你为他们注入信心之时，还能够激活他们身上的潜能，推动整个团队的发展与进步。帮助团队的成员提高他们的自信心，也能更容易感觉到你对他们的关心。想想看，在这个时候他们又怎么不会更忠心地对你，又怎么不会忠诚于团队呢？

那么，要想进一步地增强职员的归属感，让团队的成员真正地将团队当成是自己的团队，进而积极地面对团队中的事。除了信任之外，团队的管理者应该怎样去做呢？

多给下属打气

"只要相信自己的能力并努力工作，必定能够成功。"被上司这么一说，往往能使他们产生自信和动力。那种对于未来的断言，将会变成一种强烈的暗示来支配人心，同时也会促成自信的形成，驱使职员朝着预言中的未来迈进。

鼓励情绪低落的职员自己解决问题

人难免有情绪低落的时候，在工作中，情绪低落的情形更是屡见不

鲜。而当人们陷入此种情况时，往往会因为不能脱离困境而痛苦不堪。

许多管理者或资深职员也均有此种经验。因此，当他们看到情绪陷入低潮的下属时，往往会邀请他说："今晚我们去喝一杯如何？"想借此机会教给他们适当的解决方法。但是，就后果而言，最好不要如此做。因为下属情绪低落是成长过程中的必然现象。当他们在工作上碰壁时，如果能够自己解决问题，往往会使他们很快建立起自信。

因此，当他们情绪低落时，如果总是不让他们自己去克服难题，日后必定养成凡事都依赖他人指导的心态，而无法超越自我。培养与训练人才的最终目标，是要让他们将来能够自立与自信。所以，我们不妨把情绪低落视为磨炼他们的一种时机。如果只是带他们去娱乐一番，说些宽慰的话，甚至陪着对方借酒浇愁，则不但于事无补，而且还失去了磨炼下属的机会。

"企业经营之神"松下幸之助曾有这么一句名言："因为困难（而学习），所以（将来）便不再有困难。"这句话可谓简洁而有力地表达了情绪心理学的内容。因为，只有以自己的力量去克服低落的情绪，才能真正增强自信。

适当提携平庸者

当管理者面对能力较差的"平庸型"下属时，必须先有心理准备，因为，自己所投注的管理心力，可能有一大半得花费在这种类型的下属身上。

平庸型的下属虽然能力较低，但管理者也不可对其放任不顾，若从基础开始对其施以锻炼，仍可使其为公司效力。当然，若能设法在这类下属身上发掘出优点，且很有耐性地与之交往，则不但可对其加以适当提携，而管理者本身的领导能力也在无形中得到了强化。作为管理者，对这些人必须抱以诚恳的耐心，投入足够的热情，去关爱他们，帮助他们。如此行事，这些人必将成为支持你、帮助你的力量，至少，可以使他们在工作中不拖后腿。

　　提携不一定就是升职，可以是给他调整职务，或者不捆绑他的手脚，让他可以独立自主地做事，以便磨炼他的才干，或者在悬崖前拉他一把，提醒他或暗示他，让他免于毁灭或受伤。还可以在他灰心的时候、遭遇逆境的时候、被小人打击的时候，在精神上支持他、鼓励他，让他振作起来，这也是一种提携。

给丧失信心的职员分配"重要任务"

　　下属把工作干砸了，其内心的痛苦与沮丧是可想而知的，此时，管理者切不可在职员痛楚的心上再撒盐。因为此时任何的指责都于事无补，更可怕的是还会因此而进一步打击职员的自信心。聪明的管理者不但不会责备职员，还应该想方设法重新燃起职员的自信心。最高妙的办法莫过于为丧失信心的职员分配更加"重要"的任务。

不懂销售管理，如何出业绩？

第六章
永远不能忽视内部的矛盾与冲突

就像是划龙舟比赛，要想在竞赛中获胜，所有的水手都必须朝同一个方向用力划，并且还应当讲究步调的统一。同样在一个团队中，要想部门创造出优异的成绩，作为管理者也必须采取相应的方法和策略，消除内部的矛盾与冲突，使得整个团队的成员之间达到和谐、统一的局面。

1. 从正确认识团队内部的矛盾与冲突开始

如果我们把销售团队看成是一辆平板车，管理者就是走在前面的拉车人，团员就是后面的推车人，将这辆车拉到坡顶就是所追求的高业绩。我们都知道，要想让这辆车顺利地达到坡顶，拉车的、推车的就应同心协力朝同一个方向前进。可以这么说，每一位团队的管理者，都希望自己与团队成员之间，以及成员与成员之间能够共同朝着既定的团队发展目标努力。然而，让每一个管理者感到苦恼的是，现实与他们期望的总是存在着很大的差距——在自己的团队中，不仅仅自己与团队成员之间总是存在着种种的矛盾冲突，并且团队成员之间的冲突矛盾更是不断。

"攘外必先安内"。每一个团队的管理者都知道，要带好团队，取得优异的业绩，就必须要有效地处理好团队内部的矛盾与冲突，减少因此而产生的内耗，上下一心朝一个共同的方向努力。事实上，在实际的带队过程中，不少的团队管理者也在采取各种各样的策略与方法想要减少矛盾与冲突，可是，无论怎么努力，整体团队还是或多或少的出现了矛盾与冲突。

这些矛盾与冲突，总的来说可以分为以下几种：

1. 处事策略不同产生矛盾冲突

由于人们处理事情的方式、方法以及对问题所持有的态度与重视程度不尽相同，在很大程度上会导致人与人之间产生矛盾。

2. 责任归属不清产生矛盾冲突

团队成员所担任职务的职责不清，这样也会造成冲突。职责不清主要体现在两个方面：一是某些工作没有做，二是某些工作出现了内容交叉的现象。

3. 个人情绪产生的矛盾冲突

人的情绪有时很难控制。在处理情绪冲突时，最好的方法是设身处地地替职员着想。如一位职员在一大早儿赶来上班时，由于急着赶车忘记拿伞，在路上被淋的浑身湿透了，更糟糕的是这位职员在挤车时又不慎丢失了钱包，虽然没有什么特别贵重的东西，但还是将半个月的工资搭进去了。当他气冲冲跑进公司时，已经迟到 10 分钟了，显然，这个月的奖金又悬了。这一切遭遇对一个性子暴烈的人来说，是很难容忍的，他要发泄，最终与同事发生了口角，矛盾产生了。解决这类情绪所造成的矛盾，你最好用一颗爱心与同情心来处理。

4. 对有限资源的争夺

公司里有限的资源对公司职员来说具有稀缺性，这种稀缺性导致公司职员会展开各种形式的资源争夺，这种争夺在一定程度上会导致冲突。对一个公司来说，其财力、物力和人力资源等都是有限的，不同部门对这些资源的争夺势必会导致部门之间产生冲突。

5. 价值观和利益不一致

价值观和利益的不一致是冲突的另一个主要成因。价值观是一个人在长期的生活实践中形成的，短时期内很难改变，因此，价值观的冲突也是长期存在的。利益的冲突体现在两方面：一是直接利益冲突，二是间接利益冲突。比如待遇不公平就是直接利益冲突；而培训机会、发展机会等问题引起的冲突，则体现为间接利益冲突。

6. 角色冲突

团队对角色定位不明确或职员本人没有认清自己的角色定位时，也会引起冲突。例如，某团队成员未经授权干涉其他成员的正常工作，两人之间肯定会发生冲突。在团队中，角色冲突的根源在于团队角色定位不明确。

既然如此，我们怎样才能避免这些矛盾与冲突发生呢？

认识到团队的内部矛盾与冲突是再正常不过的事

为什么会出现上述的矛盾与冲突呢？其实，这是由于人的本性，以及人与人之间所受的教育、经历以及所处的位置不同造成的。因此，我们在带队的过程中，不要幻想着团队内部不会出现任何的矛盾与冲突，更不要一看到团队内部出现矛盾与冲突就感到焦虑不安，而是应当认识到团队内部出现矛盾与冲突是再正常不过的一件事，才能以一种积极的态度去面对，并且有效地避免类似的冲突矛盾的发生，以及降低因此而带来的影响。

明确每个人的责任

有时候，团队成员之间出现矛盾与冲突，是由于职责不明所致。一些团队中出现相互推卸责任，以至于团队成员之间出现争吵，就是因为如此。团队成员应明确地知道哪些事是由自己负责的，当出现问题时，就知道自己该承担什么样的责任，这样就不会出现相互推卸责任，影响团结的事。

用规章制度去约束团队成员的行为

没有规矩不成方圆。团队是由不同的人组成的，如果没有统一的行为规范标准，都由着自己的性子来，势必会给他人带来影响，并且让他人产生不快，导致矛盾与冲突的产生。例如，有的人习惯在工作的时候听音乐，而有的人则喜欢工作时保持安静，这就为他们之间的矛盾与冲突埋下了种子，可能会在偶然的时机下爆发出来。如果规定在办公室内应保持安静，无论团队成员是喜欢听音乐的，还是有其他嗜好，当走进办公室后就应当遵守这一规定，也就不会有吵闹发生了。

第六章　永远不能忽视内部的冲突与矛盾

加强自我与团队成员的沟通以及团队成员之间的沟通

曾有人说过这样的一句话,人与人之间的矛盾与冲突大多是因为各自站在自己的立场去考虑问题,并认为自己是对的而产生的。说得再简单一些,就是因为误会所致。例如,有的人在听到别人说一件事的时候,会觉得对方是在说自己,心中很是气愤,从而跟对方发生争吵,但事实上,那位可能并不是在说他,也可能跟他压根儿没有任何的关系。

团队内部发生的不少冲突矛盾就是因为这种误会所造成的。其实,要想化解这种矛盾与冲突,最好的方法就是多进行沟通,让双方把事情说透,当双方都明白对方的真实意图后,"误会"也就自然而然地消除了,当然也就不会有矛盾与冲突的产生了。

2. 在处理矛盾与冲突前，先让自己冷静下来

作为团队的管理者，所要处理的事情要比一般的团队成员多，工作中既要对上面的领导负责，又要跟团队成员一起完成业绩，所要承受的压力也当然要比普通职员多。以至于当团队成员之间产生矛盾与冲突后，自己无法冷静下来，对于冲突的双方不管究竟是谁没有理，就是劈头盖脸地一通批评，甚至是口不择言，想到什么就说什么。像这样，不仅仅难以解决问题，反而还会引起新的矛盾与冲突。

有一天，某销售团队的两个销售员在说话的时候，其中某一人暴了一句粗口，另一人感觉受到侮辱，于是发生争吵，最后动起来手，直至吵到了部门经理那儿。由于该部门经理刚刚被公司的领导批评，心情很是不爽，因此在简单了解了事情的经过后，无法控制住自己的情绪，开口骂道："你们他妈的是不是整天闲着没事做，老子一天到晚累得要死，你们……"

他所说的话十分不客气，甚至可以说是极其粗鲁。虽说两个打架的职员当时没说什么，但是心中却对这位部门经理存满了抱怨，后来在跟同事聊天的时候，把那天的事说了出来，并说跟着这样的领导做，永远不可能有什么好结果的。一来二去，该部门经理在团队成员心目中的形象大打折扣，再说话也没有人会听了。

这还不算什么，有一次，某职员因为在工作中出现了点问题。该领导就像以前一样，口不择言地批评对方。没想到对方早就对他有意见，最终在办公室两人拍着桌子争吵，差一点都动了手。

虽说作为团队的管理者，在下属之间出现矛盾与冲突后，有责任处

理，并且给予对方批评，但绝不可肆无忌惮，毫无顾忌地开口大骂。如果你这样做，会带来更多的负面影响。

首先，有损于部门经理本人的形象，在职员中的威信降低。管理者的魅力，其实就是管理者的人品魅力。管理者是否在职员中具有威信，同样不是因为他们手中的权力，而是人品，即怎么做人，怎么对待自己的下属。像这样控制不住自己的情绪，因为一点小事就开口责骂，又怎么能够让下属信服，在下属面前树立威信呢？

其次，团队成员心存不满，产生对抗情绪。迫于你所在的位置，当你在批评下属的时候，他们可能不会反驳，但也不会真心信服的，他们可能会将心中的不满发泄到工作之中，导致新的矛盾与冲突的发生。

不管怎么说，当团队内部出现矛盾与冲突的时候，你首先要做到的就是让自己先冷静下来。

控制住情绪是处理好矛盾与冲突的第一步

要想处理好团队内部的矛盾与冲突，对管理者来说，控制住情绪是极其重要的。一般来说，在处理前先以一个稳定的情绪看待职员的错误，才能避免图一时痛快而大发雷霆。其次，你要知道对方虽然是你的下属，你有批评的权力，但在人格上他与你是平等的。如果在批评中，对方的态度不好可能会让自己极为生气，这时不妨结束谈话，或者通过别的事情来转移一下注意力，切忌因发怒而采取过激的方式。

可以批评但忌一批了之

对闹矛盾的下属来一通批评与指责，是很多管理者常做的事。你要记住，你的目的是为了解决矛盾冲突，而批评是不可能真正解决问题的。因为，无论是谁在受到批评后，在心理上都会产生疑虑情绪：是不是经理对我有成见？带着这种情绪，他就会特别留心管理者的有关言行，从中揣测管理者对他的看法。发现领导不理睬他时，就会认为对他有成见，当再次无意中批评到与他相似的问题时，他又会神经过敏地认为是在说他，又在与他过不去。

为了消除他们的这种猜忌心理，管理者在批评某位下属之后，要细心观察被批评者的变化，对他表示关心和体贴，有了点滴成绩，及时给予肯定；有了困难，及时给予帮助等。这样才能有助于消除猜忌心理，达到批评的目的。

切不可随处传扬对职员的批评

有些管理者在批评下属后，下属前脚刚离开，他随后就把这件事说给了别人，或者事隔不久批评另一个人时随口说出去。这样会增加当事人的思想压力和反感情绪，让管理者与下属之间的关系变得更为糟糕。

忌使批评演变为攻击

在处理问题的时候，常常会出现这样的情况，开始只是针对一件事情进行批评，但后来因情绪的激动就变成了对职员本人的责骂，不仅搬出以前的许多过错，而且态度上也极为粗暴。这样的结果让彼此心里都不痛快，下属由此怀恨在心，工作积极性也受到极大的挫伤，进而在工作中产生抵触情绪，更重要的是这种情绪也会在群体中形成不良影响。

因此，在批评他人时，管理者一定要记住针对的是一件事而不是一个人，对下属出现的失误和错误，既要分清性质、程度和危害，不失时机地予以教育处理，又要与人为善，留点面子，不伤其人格，避免因方法不当而激化矛盾，以至产生顶撞、对立的后果。就像小孩在家中洗碗时不慎打碎了碗，父母既要批评孩子做事太粗心，又要教育孩子今后要小心，而不是单单对孩子训斥责骂。

3."和稀泥"往往会和出更大的麻烦

无论哪个团队内部，要求没有一点矛盾发生是不可能的事情。当矛盾发生或者即将发生时，不少的团队管理者为了避免矛盾进一步扩大，往往会采取"和稀泥"的办法，即在团队成员出现矛盾时，睁一只眼闭一只眼，以一种极其宽容的态度面对。像这样是不是真的就能解决问题呢？

一天，某团队经理在走出办公室时，发现有两名销售员在办公室内争吵。他不由得皱起了眉头，想了想觉得自己还是不要掺合，便没去制止。没想到的是，两个人越争吵越激烈，还发生了肢体冲突，最后他不想出面也得出面了。他将双方当事人叫进办公室，听完两位职员的陈述后，只是不轻不重地说了他们几句，让双方各让一步，以后注意点就行了。

问题好像就此得到了完美的解决。可是，没过多久，那两位职员又因为一点小事发生了争吵，而他也依然像上次那样简单处理。在接下来的日子里，那两位老是因为一些小事而闹矛盾，到了最后该经理意识到了问题的严重，可是，当他决定要认真处理这件事的时候，却发现不管自己再说什么，已经没有了任何的威慑力。

诚然，在下属之间出现矛盾与冲突时，我们应该以一种宽容的态度面对，但一味地宽容，采取"和稀泥"的处理方式，并非是解决问题的最好方法，反而还可能导致更大的麻烦和冲突发生，上面的事例已经给了我们最好的答案。

缺乏立场的过分宽容，可以说是团队管理者在带队伍的过程中出现的最大错误。因为，一味地宽容，看起来是宽容大度，实则是软弱、缺乏原则的表现。当软弱到一定的程度，管理者就会失去自信力，失去应有的震慑力。最终的结果，就是你说什么下属都不会当一回事。

那么，在成员与上司、团队成员之间出现冲突矛盾时，我们该如何面对呢？

得饶人处且饶人，小事上不要太过计较

身为管理者，尽量宽待下属，得饶人处且饶人，这是缓和与下属矛盾的最基本的原则。从用人和管人的角度看，饶恕对手并为己所用，无疑也是非常明智的。下属如果做错了一些小事，一味斤斤计较，动辄责骂训斥，只会把你们之间的关系弄僵，令矛盾更为激化。

当职员有不满时，允许适当地发泄

如果因为管理者工作有失误，致使下属觉得不公平，压抑，有时会发泄出来，甚至是直接找经理诉说不满，指出过错。遇到这种情况，经理不能以怒制怒，双方剑拔弩张，只会使矛盾更加激化。因此，在遇到下属直接找你发泄不满时，应该理解为他对你是信任的、寄予希望的。没有信任，害怕说了会挨你的整治，他就不会说了。因此，管理者在接待心里有不满的下属时，要耐心地听下属诉说，如果经过发泄后能令其更愉快地投入到工作中去，听听又何妨？同时这也是一个了解下属的好机会，可不能一怒而失良机。

不要一味忍让

无论矛盾发生的原因是在管理者还是在下属，管理者都不能一味忍让。如果责任在下属，作为管理者在适当地给予宽容的同时，也应指出下属的错误，否则的话，下属会浑然不觉，以后还会出现类似的错误。如果责任在于管理者，当对矛盾进行了有效的处理后，倘若依然有些下属对此

纠结，同样不能忍让，而是应该在适当的时机予以反击，以阻止下属无休止的纠缠。在这儿，敬请记住这句话：团队作为一个组织，要想有序地运行，就不能让无限制的宽容毁了应有的规矩。

重视和下属的交流

管理者与下属对待某一问题出现意见分歧，这是很正常的事情。这时作为管理者，你需要克服这样一种心理："你们都应该按我的想法去做。"其实，"众人拾柴火焰高"，把大家的智慧集合起来，进行综合比较，就会找出更可行的方案。下属提出高招，你不能嫉妒他，更不能因为他的方案更可行就排斥他，拒绝他的高见。这样，你嫉妒他超过了你，他抱怨自己怀才不遇，双方的矛盾就会变得尖锐，你有权，他有才，积怨过深，最终可能会导致两败俱伤。

作为管理者，要能够发现下属的优势，挖掘下属身上的潜能，战胜自己的刚愎自用，对有能力的下属予以提拔任用。发现下属的潜能，并能委以重任，可以减少很多矛盾。下属经你的提示会发现自己的潜能与不足，就会觉得自己得遇明主，三生有幸，也就避免了很多矛盾发生的可能。

以大度化解矛盾

古人言："宰相肚里好撑船"。管理者凡事让三分，可为自己今后的工作做好铺垫。

在发生对立状况时可参考使用下面的建议。

1. 别人对自己有恶意吗？很多时候，其实别人对自己并没有恶意，而自己却以为别人在故意找茬。

2. 自己没有误会对方吗？我们在看一个人的时候，常会因所看到的某一部分现象而产生误解。如果是这样的话，重新调整自己的视角，问题就好解决了。

3. 是不是完全不了解对方而自己妄加揣测呢？如果是这样，就要努力与对方沟通，这样可以避免不良冲突，或在冲突刚起时就通过双方的沟通予以消除。

4. 产生对立的原因何在？事出必有因，如果能找出具体原因，就能对症下药，消除对立。

5. 对方的真意在哪里呢？是个性使然，还是一时的兴起？努力从对方的表情、态度、说话的语气来了解其本意。

6. 真的不对立不行吗？如果是组织利益或规章制度不允许的重要事情的话，就断然予以否定。但是，如果为了微不足道的小事而对立，那是多么愚蠢！

不要把责任推给下属

解决矛盾时，如果是你的责任，要勇于承担。谁都会失误，一些事情的决策本身就具有风险性，工作中出现问题时，谁都不愿意承担责任。但决策失误，自然是管理者的责任；执行不力，是因为制度不严或管理者用人失察；因外界原因造成失误时，有分析不足的责任等等。

出了事儿只知道把责任推给下属，不从自身找原因，也会冤屈了下属。这些都会使你失去威信，丢了民心。

即使是下属的过失，做管理者的站出来承担一些责任，更显你的高风亮节，不至于在出了问题以后上下关系都紧张，以致出现矛盾。

4. 一视同仁，对事不对人是必须遵守的准则

当管理者在为处理团队内部的矛盾与冲突感到焦头烂额时，却不知道有些矛盾与冲突产生的根源在于管理者没能做到一视同仁。

柯勇是去年加入这个团队的，该团队实行工资保密制度，一般情况下，职员之间相互都不知道彼此的收入。柯勇对这份工作还是很满意的，一方面团队内人际关系和谐、气氛轻松，工作虽累却很舒心；另一方面就是薪水也不错，底薪每月3000元，还有不固定的奖金。

柯勇一门心思扑在工作上，经常加班加点，有时还把工作带回家做，而且确实取得了显著的业绩。同事们都很佩服他，主管也很赏识他。年终考核，领导对柯勇的工作予以高度评价，并告诉柯勇将给他加薪15%。听到这个消息，柯勇高兴极了，这是公司对他工作能力的肯定。

同年加入团队的乐凯却高兴不起来，因为他今年的业绩并不好。午饭时两人聊了起来，乐凯唉声叹气地说："你今年可真不错，不像我这么倒霉，薪水都加不了，干来干去还是3900，什么时候才有希望啊。"

猛然间，柯勇意识到，原来乐凯的底薪比自己高900元。他想不通，即使不考虑业绩，两人同样的职务，乐凯的学历、能力都不比他强，为什么工资却比他高这么多呢？他不仅感到不公平，而且有一种被欺骗的感觉：原来一直以为自己的工资不低，哪知别人的工资都比他高。他感到不公平，自然对工作产生不满情绪，不再像以前那样卖力了，当然与乐凯之间的关系也变得有些紧张起来。

管理实践中，有一个不容忽视的理论，称之为公平理论，又称社会比

较理论，它是美国行为科学家亚当斯提出来的一种激励理论。该理论侧重于研究工资报酬分配的合理性、公平性及其对职工产生的积极影响。亚当斯在进行大量调查的基础上发现，一个人对他所得的报酬是否满意不是只看其绝对值，而且要进行社会比较或历史比较，看相对值。通过比较，判断自己是否受到了公平对待，从而影响自己的情绪和工作态度。当人们感到报酬过低时，就会引发他们的不满。为了消除不满，恢复公平感，他们就有可能调整自己的行为表现，如请更多的病假，上班时迟到或早退，在工作中故意消磨时间，工作不努力，要求加薪，甚至对别人采取攻击性行为，以阻碍他人的正常工作。在极端的情况下，感觉报酬过低的职员会丧失对企业的忠诚，愤而辞职或跳槽。

因此，作为一名管理者，应当充分了解下属的心理，做到一视同仁、公平公正、大度无私，最终才能赢得职员的信赖，减少不必要的矛盾与冲突，使下属与自己同舟共济，并心甘情愿地接受自己领导。

做一个扶助弱小的管理者

管理者并不是只要表现出强硬的态度就能让职员心服的，相反，身为管理者必须要有敏锐的头脑，来调解职员之间的纠纷，并且从关爱的角度扶助弱小，若非如此便无法承担管理者的职责。就现代企业而言，作为管理者必须通过展现自身实力来赢得大家的认可，这就要从指导职员、调解职员之间的纠纷等符合职员期望的事情开始做起。

拒绝私交，对待下属一视同仁

管理者在对下级关系的处理上，要一视同仁，不分远近、不分亲疏，不能因客观或个人主观情绪的影响，表现得有冷有热。当然，有的管理者在实际工作中，难免愿意接触与自己爱好相似、脾气相近的职员，无形中就冷落了另一部分职员。

第六章 永远不能忽视内部的冲突与矛盾

摆正自我的位置,做到公平合理

既不要对人有偏见,也不要对人另眼相待。这两个问题,其实是连在一起的,凡是对一些人有偏见的管理者,对另一些人则会另眼相待。

其实,另眼相待同样有害无益。对于干得出色的职员该表扬的时候表扬,该评功的时候评功,但是,平时还是应该与其他职员一视同仁的。

管理者一定要给职员一种公平合理的印象,让他们觉得人人都是平等的,机会也是均等的,他们才会奋发努力。这样,对做出成绩的人会有好处,有助于他戒骄戒躁,不断上进。对女性职员和体弱的职员也不能另眼相待,确实是不适合女性工作的岗位,干脆就不要安排女性。既然安排了女性,就要同工同酬。体弱的职员也是一样。团队是一个集体场合,要有一种工作气氛,有几个闲散的人在一边是会影响士气的。

摒弃私心,凡事以大局为重

有的管理者认为:"我是任人唯贤的,同样的贤能,我为什么不任用亲近我的人呢?"人是感情动物,对自己所亲近的人,难免因为感情关系密切而易于看到优点,不易看到缺点。所以,你认为的"贤"其实未必"贤"。就算确实是"贤",别人也照样不服气:"为什么同样贤能,他能上,我不能上,还不是因为他有靠山?"若真是不"贤"的人,影响就更坏了,别人会这样想:"看来还是私人关系管用,我们再卖力气也没用!"

管理者要对团队负责,因为管理者的利益与团队的整体利益绑在一起。也就是说,你的私情私欲必须为企业利益所替代。为了不以私害公,每做一件事情,都不妨扪心自问:"这件事中,有没有我的私情在里面?"或者问一问:"这么干,别人是否会觉得我很自私?"在得到满意的答案之后,你再大胆地去做吧。

5. 谨慎对待"小报告",莫让职员告密成风气

在带团队时,对于职员间的矛盾,尤其是一些职员送上门来的"小报告",千万要慎重对待,不可让其在公司内形成一种风气。

一天下午,于经理手下的一位职员小方敲开了他的房门,要求与他私下谈谈,显然有什么事情在困扰着小方。于经理请他坐下慢慢说,小方就滔滔不绝地谈起了他与小何之间的冲突。

小方说,小何欺人太甚了,他专门踩着别人的肩膀向上爬。小何为了使他难堪,故意把持住一些重要的信息,而他正需要这些信息来充实报告。更甚的是,小何竟利用别人做的工作成果为自己沽名钓誉。这期间,于经理没有发表任何意见,表情也很严肃。

小方最后对于经理说:"你必须尽快对小何采取行动,否则的话,将会有好戏看的。"于经理听出这是对自己的警告,他明白自己遇到了一件棘手的事情:两位雇员之间的冲突。他也明白这个问题的处理结果必须让双方都满意,否则矛盾还有可能进一步激化。想到这,他对小方说:"你放心,这个问题我一定会处理好的,请你先回去工作吧。"小方走后,于经理陷入了沉思……

他该如何比较圆满的处理小方与小何之间的矛盾?面对此种情况,作为领导首先应分清矛盾的性质。只要不是原则问题上的矛盾,一般情况下还是应以调解为主。不过要注意的是管理者不要鼓励职员采取背后打小报告的方式,更不能鼓励这种风气蔓延。而应该想办法在部门里创造一种氛围,鼓励职员在犯错误时勇于承认,担当责任,自我教育,而不是依靠

第六章 永远不能忽视内部的冲突与矛盾

"打小报告"。作为一个组织,信息反馈机制和通道,不是建立在职员告状的基础上。如果职员之间出现了矛盾,都采用"打小报告"的方式来告知管理者,本身就不是一个健康的文化氛围。

张经理本来带了一支很有生机的销售团队,每一个职员都想干一番事业,可是他没能用远大目标来引导大家奋斗向上,反而总是把几个人在他耳边的嚼舌放在心上。

有一次,他派两个人出差去外地拓展业务,其中一个回来和他谈的都是业务开展的情况,而另一个人,却同张经理大谈路上两个人的矛盾,说他们俩的习惯是如何不同,他多么能吃苦,不计吃、住的标准,而同伴则是特别挑剔的人,特别难侍候,主张不能用这种人。作为经理,他听了这位职员的"小报告",竟然就把另一位当事人辞退了。

后来,招来一位经验丰富的职员,这个人非常有能力,张经理就想重用他。这引起了几个人的嫉妒,他们几个人在张经理耳边吹风,说那个人虽然有能力,但是人品不怎么好,与同事关系紧张等等。张经理轻信了他们编造的谣言,结果放弃了一位有能力的人才。

经过这几番折腾,团队里剩下的就只有那几个会煽风点火的职员,公司的效益越来越差,直至倒闭。

其实,在公司,除正常的工作沟通以外,不管你喜欢不喜欢,"小报告"也是一种客观存在的现象。如何处理是摆在管理者面前的问题,处理方式得体,"小报告"问题会促进整个组织发展,反之就会影响整个组织的风气。因此,在处理"小报告"问题上,要慎重,坚持原则,立场明确。以下几点可作为参考:

做到原则和灵活相结合

"原则"就是不能侵害组织利益。"灵活"就是解决矛盾的方法不要千篇一律,不要教条式解决问题。有些矛盾要防患于未然,有些矛盾可以适中控制解决，而有些矛盾可以让它量变到一定程度发生质变时再解决。

最好暗中解决矛盾

人们都有爱面子的心理，私下解决就是给矛盾的双方保留了面子。因此矛盾尽量暗中解决，不要张扬。但对那些不伤面子，同时又有普遍教育意义的可以公开出来，起到教育其他下属的目的。

对恶意制造矛盾者绝不能手软

俗话说"不怕没好事就怕没好人"，对恶意传闲话者、故意制造事端者、生怕天下太平者、甚至与外部门勾结找本部门职员的麻烦者，要坚决辞退，不要留恋，无论他有多高的才能都不能用。

对小报告中的问题，必须经过核实

对待"小报告"，必须高度重视，有些"小报告"确实能反映一些平时你看不到的深层次问题。有职员打"小报告"时，应及时"立案"，但"不能随便宣判"。"立案"表示你对报告者反映的问题重视；不随便宣判，是要你对所反映的问题探究清楚，摸清事实，慎重处理。

处理问题不偏不倚

管理者在解决团队成员之间矛盾时，首先要秉公办事，不偏不倚，不能有私心。作为领导，只有公正，才能减少矛盾。

解决矛盾要一事一断

根据矛盾产生的原因、过程、范围、性质，以及对组织的影响程度等，领导再制定解决方案，哪些矛盾先解决，哪些矛盾后解决，哪些矛盾可以单刀直入去解决，哪些矛盾可以曲线解决，哪些矛盾可以让职员自己去解决，哪些矛盾暂时不解决，让其随时间的推移自行来解决，哪些矛盾可以借助外部的力量来解决等等。总之，解决矛盾要因时因地因人因事而异，要一事一断。因为每个人都是有其鲜明个性的，而每个人又都是时刻变化的，团队成员之间的矛盾当然也是随时随地变化的。

有些问题宽容处置会换来下属的忠诚

一次，我应邀到叶先生的公司去谈点事。在交谈的时候，有位年轻的下属端着茶水走进来，他毛毛躁躁的不小心将叶先生办公桌上的一份文件打湿，那份文件是一份非常重要的文件。我原本以为叶先生肯定会声色俱厉地批评那位职员。可是没想到的是，他却问对方有没有烫伤，并让对方不要担心，等会儿再打印一份即可。

当那位下属走后，我好奇地问叶先生，那份文件如此的重要，这样简单地说几句就没事了吗？

叶先生笑着问我："应该怎么处理，狠狠地批评他一顿吗？他又不是故意这么做的，原本就感到内疚和不安，再说他不是让他更难受吗？"

只要下属一犯错误，有的管理者就会死抓着不放，一味地追究当事者的责任。却不知道，出现问题时当事人已感到内疚不安，如在此时管理者硬要追究责任、给予处分，不是让下属更觉寒心吗？相反，予以宽容的处理，则会让下属自觉地认识到自身的错误，并因为上司的宽容，而变得更为忠心。

不懂销售管理，如何出业绩？

第七章

培训，培训，再培训

当今的时代，是一个知识和信息快速更新的时代，市场的变化和技术的发展要求企业成员不断地学习新的知识和技能，否则就不能胜任工作。团队要生存与发展，就必须不断的更新专业知识，只有这样才能够把握住时代的脉搏而不被抛弃。当然，给予团队成员相应的培训，就是最为便捷有效的学习方法。

1. 把握培训的方向与目的

时下的团队管理者都知道对团队成员进行相关培训的重要性,也正是因为如此,许多的管理者会花高价请培训师对团队成员进行各种各样的培训。没错,在现今竞争激烈以及知识更新速度加快的时代背景中,只有我们不断地学习,才能跟得上时代发展的脚步,更快更好地把工作做好。而聘请培训师让团队中的成员进行相关的培训,就是为团队的成员提供学习机会,帮助他们进步的一个有力手段。

然而令人遗憾的是,现实中常常会出现这样的一种情况,那就是团队花了不少的金钱请来了培训师,可是培训后的团队成员跟培训前并没有多大的差别。

为什么会这样呢?说到底,那就是团队的管理者对于培训没有一个正确的认识,没有从团队的实际情况出发去想团队需要什么样的培训,而是见到其他的团队在培训,便觉得只要自己的团队接受培训就可以像他们一样有质的飞跃。

事实上,每一个团队的情况不一样,培训的重点也不一样。我们要想让培训达到所想要的结果,就必须根据团队的实际情况,把握好培训的方向以及目的,进行有针对性的培训,否则的话,就会流于形式,除了白花钱、耽误了成员的正常工作外,还会让团队成员心生不满,觉得你完全是在瞎折腾。

我曾经就遇到过不少的团队管理者,他们不约而同地问了我同样的一个问题,那就是有必要给职员进行培训吗?我十分明确地告诉他们:"肯定需要。"然而，他们却反问我："为什么我请了不少好的培训师给职员做培训，却没有任何的作用呢？"

面对他们的这种疑问，我一般都会问他们，你在对团队成员培训的时候，有没有预先了解要给予他们什么样的培训，以及要达到什么样的结果呢？有趣的是，这些团队管理者，大多数难以说出个一二三来，往往只是告诉我一个极其模糊的答案：就是想要提升团队成员的整体素质以及业务能力。

他们的这种答案等于是没有答案，像这种没有明确的培训目标与目的的培训是很难取得应有的效果的。打一个不怎么确切的比方，这就像我们决定要去一个地方旅行，可是没有确定目的地在哪儿，只是有一个初步的设想——要到一个风景优美的地方去。在这个世界上风景优美的地方有很多，倘若你不决定具体是哪个地方，又怎么能准备好行囊出发，又怎么能到达你想去的风景美丽的地方呢？

从团队所出现的问题确定培训的方向

大抵上来说，在确定团队的培训方向时，我们应该从现在团队中所存在的问题作为出发点。例如，团队成员之间经常会发生摩擦，就应该注重团队精神的培训；团队成员缺乏责任心，就应该予以职业道德上的培训；团队职员工作效率低，则应当在时间管理以及效率上予以相应的培训；团队成员业务能力较低，当然就应当给以销售技能与技巧的培训了。像这样，根据团队的问题与不足之处进行针对性的培训，往往可以达到事半功倍的效果。同样，团队中的成员也会积极地投入到培训之中，因为那些知识和内容正是他们所需要的，可以帮助他们解决相应的问题，让业绩得以提升。

培训的方向应与团队的发展目标相结合

除了上面所说的根据团队所出现的问题确定培训的方向外，我们还应该将培训与团队的整体发展目标结合起来。说得简单一些，就是你应该清楚地知道自己团队的未来发展方向，知道自己团队中的成员应该具有什么样的能力与素质，才能符合团队未来发展的需求，然后再进行针对性的培训。否则，团队的整体发展目标可能会难以实现。

敬请记住：你对团队成员的培训虽说要解决现在所面临的问题，但更是对未来的一种投资。

团队的培训应该遵循实用无先的原则

诚然，对团队的成员进行培训很重要。在海尔流传着这样的一句话：职员没有进行过培训，是负债；唯有培训过的职员，才是资产。这就是说，只有持续不断的、强有力的培训，成员才有可持续发展的后劲。可是，要提醒注意的是，培训虽然很重要，但是要切合团队的实际情况，不要为了培训而培训，而要在培训的时候，落到实处。那么，怎样才能做到这一点呢？以下就是我们值得借鉴的地方。

1. 制作人才训练书以支持各种业务计划。你需要一个适当的人选，能在适当的地方、适当的时候，具备适当的知识和技巧，来执行你的计划，并使它们圆满成功。

2. 有系统地开发小组内的每位成员。假如你不这么做的话，那些最有潜力的人才迟早会离开。

3. 对新人用工作说明书作为第一次培训。仔细考虑一下他们需要具备的知识和技能是什么，以及应如何才能帮助他们获得这些知识和技能。

4. 指定专人负责帮助新人。

5. 让团队成员通过自身的理解去学习，尤其是看和做。不要只是说，要实际做给他们看，并让他们亲自动手做练习。

6. 人才培训的重点应放在强化优点、纠正缺点并发展潜能上。帮助团队成员将训练当成一种令人兴奋的锻炼机会，而不是令人不悦的待遇或是

第七章 培训，培训，再培训

变相的处罚。

7. 注重团队成员潜能的发掘，助其晋升。以工作企划和工作派任方式，发掘团队成员的分析能力和处理问题的能力，以观察和测试出最适合晋升的人选。

8. 利用工作轮调的方式，增加杰出人员的各种工作经验。对那些将来必定会位居要职的人来说，他们需要尽可能地增加经验，以了解组织里不同部门的工作领域。

9. 将知识和技能转移给每一位团队成员。

你的目的是帮助工作小组里的每一个成员都能发挥他们的潜力，以共同创造团队的利益。假如你能帮助你的同仁，让他们变得更有信心、更有主见、不再害羞而且更加独立的话，那何乐而不为呢？

2．制定具有针对性并可持续性的培训计划

培训无疑是一项系统工程，需要团队管理者不断研究和完善。有效的培训既可以使成员个人的能力升级，也可以增强其对团队的忠诚度，使团队的明天继续成功！那么，我们如何才能通过培训有效地提升团队的战斗力，不断地获取优异的业绩呢？这就需要，给培训制定一个具有针对性并可持续的计划。

把培训当成团队必不可少的一种制度

市场的变化和技术的发展要求企业成员不断地学习新的知识和技能，否则就会被淘汰。很多大企业都把企业培训看作是提高企业竞争力的重要手段，有的企业甚至成立了企业大学来培训自己的职员。

在现在的就业市场上，有没有培训制度已经成为成员选择就业岗位的一项重要条件，企业也把培训机会作为工资之外的一种回报手段。对于一个学习型的团队来说，并不是由于技术和经营上的落后才进行企业的培训，企业培训已经成为持续不断地学习和创新的手段和工具。企业培训不仅包括技术和业务培训、知识和技能培训，更包括企业精神和企业文化的传递与传播。特别是对于团队新成员，这些培训是必不可少的。团队的培训也可以融合在业务运营和公司活动之中，培训必须讲求效果，当然这并不是说非要有什么形式的考试不可。团队成员的培训必须是有计划的、普遍的，不能是随机的，否则就会挫伤成员学习的积极性，并且损害企业的沟通交流氛围，最终破坏公司的合作文化。

把培训当成是一种激励手段

将培训当成是一种激励手段，就是要建立培训激励机制，最主要的就是将培训与考核、晋升相关联，如此，就会对受训者具有较强的激励作用。具体实施过程中需要注意以下事项：

（1）可规定不同的职务类别、职务等级必须要完成不同的培训课程或受训课时；

（2）将受训课程或课时完成状况作为晋升的重要条件之一；

（3）即使晋升后也必须在规定的时期内补修没有完成的课程或学时，否则试用不合格；

（4）年终综合考核时加入受训情况的分数。

当然，作为管理者，既然认为让成员去参加培训可以给企业带来价值，那么，当他们培训完后，如果通过培训有效性评估显示其能力提高了，就应该给以提升——工资的提升和职位的晋升都应该考虑。

如果培训与考核、晋升相脱节，优秀人才就很难留住，那么这样的培训将只能是消费。要想看到培训应有的效果，关键要把培训与企业的发展和成员个人的发展相结合，培训者要在成员的需求和企业的需求之间寻找最佳结合点，在时间和空间上最大限度地贴近企业管理和业务的实际，使成员接受培训后能够在企业中实际应用培训成果，发挥自己的职业技能，体现成员自身的市场价值。

一个优秀的上司会让他的人才，不论在哪一个阶层，都能够系统地接受各种训练。这不只是关心他们，而且也是因为这么做是有经济效益的。显然，受过培训的职员，在工作中会表现得比那些未经培训的职员要杰出得多。

灵活机变，把培训融入到日常的工作之中

曾国藩把培养人才的方法归纳为四项："日教诲，日甄别，日保举，日超擢。"他认为，六部的"堂官之于司员，一言嘉奖，则感而图功；片

言责惩，则畏而改过"。教诲和甄别的最终目的，是为了使用，为了保举和超擢。所以培养人才的四个方法是一个整体，有着前后的连续性和循环作用。这就要求我们在带团队的过程中做到以下几点。

1. 让职员定期参加一些他们通常不会参加的会议，使每个职员都能得到一些第一手的工作资料，这将有助于开阔他们的眼界和心胸，增强互助协作精神，如让普通职员参加一些他们不太熟悉的专业会议；让会计师参加市场营销和开发业务会议等等。

2. 实行岗位轮换制度，即让职员定期到本职以外的部门或工作岗位上任职，也就是要求他们在任职期内要了解公司的各个工作环节，增加工作的新鲜感和积极性。

3. 经常在公司内或公司外组织一些俱乐部的活动，训练职员的思维和观察能力，养成动脑习惯。

4. 让职员明确正确的行为标准，进行人际关系相互促进方面的训练。

5. 业务工作模拟训练。即进行电子计算机模拟，学习和提高管理技能等方面的业务训练。

6. 鼓励职员参加各种学校举办的继续教育课程，并要确保不因为"离开本职工作去学习"而使学习者蒙受任何间接的惩罚和损失。

7. 举办由职员和公司管理者共同参加的学习课程和讲座。

8. 鼓励职员积极争取各种专业协会的成员资格。

9. 让下属临时到各种跨部门专项工作小组去服务。

10. 邀请本公司其他部门各级人员来与自己部门职员聚会，请他们谈谈需要给予哪些支持与合作，同时鼓励他们邀请自己的部门职员去访问他们。

11. 让你的小组成员实地观察你如何处理顾客批评，如何举行正式报告会等等，用你的风格去启发他们，用你的素质去影响他们。

12. 派出众多的职员而不是2-3名代表花上几天时间去参观某个行业

展览。

13. 在受训人之间实行类似于"领导对下级评价"和"下级对领导评语"等反应训练，以获取增强人际交往的经验。

14. 对新职员进行多方面实际训练，目的在于强调实习安全和掌握知识、技术。

15. 鼓励下属将自己的研究或工作项目在公司内外进行介绍或报告，尤其是向公司内其他部门和单位做介绍。

3. 鼓励团队成员进行自我培训

培训固然很重要。然而令人遗憾的是，团队资源毕竟有限，不能够经常性系统地对职员进行培训，特别是一些刚刚起步的团队，其自身的资源更为有限，在这种情形下，应该怎么办呢？难道说要等到以后有条件再做吗？这绝对不行，作为团队的管理者就应该知道，在现今竞争激烈的时代背景中，当你停止学习的时候，其实就是在退步。

面对这样的情况，一些团队的管理者可能会说，你当我不知道培训的重要性啊！可是我又有什么办法呢？其实，像这样的团队，完全可以采取另外一种办法，那就是应该通过有效的方法养成团队成员自我培训学习的习惯。

马斯洛的需求理论告诉我们，人的最高需求是自我实现，也就是自我的管理。要想达到完全意义上的自我实现，离不开每日的自省与自励，只有每日坚持自我学习，才能不断超越自我，在迈向成功的终极路途上抓住机遇，达到最终的自我实现，这就是一种自我的培训。

一般来说，自我培训就是自己做自己的老师，自己给自己讲课，对自己进行训练，达到教与学的统一。

自我培训，不仅仅能缓解团队因资源限制难以做到有效有系统的培训的问题，同样当团队成员养成自我培训的习惯后，便使得团队成员的各项素质得到不断地提升。由此可见，养成团队成员的自我培训习惯对团队的发展起着较为重要的作用。那么，真正实现成员的自我培训，这就需要团队做好各方面的准备，即建立健全培训激励机制，从制度上对成员的自我

第七章 培训，培训，再培训

培训进行激励。例如，对成员的技能改进、学业晋升实施奖励；对技能水平达到一定高度的成员进行晋升；通过各种形式的竞赛、活动，对成员进行确认和表扬等等都是些不错的手段。

自我培训有许多益处：

1. 提高适应能力。自学可以加强对环境的适应能力。如果你能让成员热爱学习，不断寻求新的学习机会，就有理由期望他们将更加积极地面对改变，甚至寻求改变。

工作岗位上的学习是必不可少的，成员们不仅要成为工作能手，而且要成为学习能手。唯有如此，才能适应工作中不断出现的变化。

2. 提高灵活性。当你替成员们决定学习内容、学习进度及学习方法时，其学习结果肯定满足不了众多学习者的个人需求。要满足 10 个人的不同要求，可能需要事先设计 10 个培训项目。而自学使成员通过自己的努力来达到设定的目标，这种方式的灵活性使他们能在同样的时间里学到更多的东西。

3. 更易于了解学习效果。传统的培养课程中，常常不知道职员学到了多少，培训评价实际上也极少能检查学习者对培训的反应，实际学习的水平也不得而知。而自我培训则更利于了解自己的学习成果，做到心中有数。

自我培训的方法有很多，作为团队的管理者可以通过以下的方法为团队的成员创造学习的环境，养成他们自我培训的习惯。

鼓励职员学习深造

很多职场人都有这种情况：所从事的工作与原来所学专业毫无关系，有的职场人也会转行或半路出家。他们新进入一个行业时，对该行业的知识缺口就会很大。所以这些职场人在从事实际工作时，都或多或少地感觉到了一些压力，觉得力不从心。企业可以不失时机地出台一些政策，鼓励职员继续深造，对深造的成果进行奖励，形成人人学习、人人追求上进的良好局面。

合理利用互联网

我们现在处于一个信息爆炸的时代，而互联网恰恰是信息传播最广泛、最及时的一个媒介。我们所需要的大量信息都能很便捷地从中获取，如能很好地利用互联网，将给成员打开一扇通往信息的天窗。

互联网本身是一个信息共享、联系外界的工具，管理者可利用互联网的强大优势来为团队成员服务。职员也可以利用互联网查阅资料、阅读新闻、浏览信息等。

充分利用局域网

很多的企业都设立了局域网，这是一个很好的信息分享的工具和平台，它可以广泛地收集各方面的信息。局域网是团队信息化发展的又一个强大的工作平台，这也是职员一个自我培训的手段。团队应鼓励职员登陆局域网，鼓励职员阅读并提供信息。

鼓励职员读书

书籍是人类智慧的结晶，是专家经验的总结。自我培训最好的老师就是书籍了。读书的过程就是和专家对话的过程，是与专家的多方面沟通。在这个沟通过程中，你花了时间与金钱阅读了专家的书籍，就是购买了专家的知识和经验。在书中，专家会将自己的成功心得和经验做法向你娓娓道来，你只需认真倾听并且信任和实践它。

信任是基础，实践才是关键。没有实践的阅读注定不是成功的阅读，只有在不断的阅读和实践中，你才能真正地从专家手中接过权杖，化专家的经验为自己的经验，再由此展开去，慢慢就有了大路宽敞的感觉。

树立榜样，竞争超越

每个行业里都有比我们优秀的成功人士或专家，这些人都是值得我们学习和赶超的。只要是比我们做得优秀的人，我们就要向他学习，不管最终结果如何，关键在于我们超越的过程及过程中的坚持。

4. 营造学习环境，把学习当作长线投资

现在，一个新观点正在被越来越多的企业所接受，这就是：学习是长线投资。培训职员，是为了进一步的持续经营，永续经营。未来的竞争就是人才的竞争，企业要实现高速发展，人才培养就显得十分重要，因此越来越多的企业将人才培养和人才储备推到了极高的高度。

学习是长线投资，虽然学习不是今天投一万元，明天就立刻能产出二万元的利润，但是只要坚持下去，那些善于学习的团队一定是最后的赢家。

南方的一家环境设备股份有限公司从1999年开始创建，经过短短8年的发展，迅速成长为业内的龙头企业，这与公司对学习型企业的建设密不可分。公司非常重视人才的培养和选拔，提出"职员最大的福利就是培训"，坚持"人品至上，人尽其才"和"公平、公正、公开"的育人、用人、留人的基本原则，充分地尊重、理解和关心职员，坚持企业与职员共同成长、共同发展。公司首次举办了人才成长与创新发展大会。在会上公司董事长发布了"1333"人才成长计划。所谓"1333"人才成长计划，是指"十一五"期间公司将每年拿出一百万作为职员的教育培训经费，在系统内培养10名优秀经营者、30名高级技术专家、30名专业职能管理者、30名销售经理，为公司建立后备人才队伍。

还有一家照明公司也是一个善于学习的团队。从基层到中高层管理人员实行全员学习培训，公司每年花费数十万元并在冗杂的企业事务中抽出时间来参加各种学习，在整个灯饰行业内率先建立自己的企业培训学院，

并拿出近百万启动资金来投资职员的学习，打造学习型团队。

随着公司在行业内的声名鹊起，很多人开始注意到了这个正在迅速成长壮大的企业。其照明产品享誉大江南北，受到广大经销商的热捧和终端消费者的青睐。企业能有今天的辉煌成就，和总经理经营企业的超前学习理念是分不开的，建立培训学院把学习和培训变成一种机制，从高层管理人员到基层职员，形成一种不断学习、不断超越和创新的企业文化。

公司职员们不光是内部的培训学习，而且能经常参加公司组织的社会活动，走出企业到相关培训机构进行系统的学习。公司培训学院还不定期地聘请一些知名企业和相关研究机构的负责人来讲课，让职员们通过这样的平台和外界保持良好的互动和沟通。

可以说，上述两家公司的快速崛起都得益于这种学习的精神和氛围，鼓励和参加学习成为一种对职员职业规划的福利，一种常态和现象，更是一种文化，进而极大地增强了整体团队的凝聚力和向心力。

当今的时代，是一个知识和信息快速更新的时代，团队要生存，要在竞争激烈、技术进步一日千里的知识经济时代生存与发展，每一个组织都必须不断进行技术、管理上的学习更新，只有这样才能适应新的情况、新的竞争。同样，组织中的成员要能够把握住时代的脉搏而不至于被时代抛弃，也必须得不断学习。

总而言之，学习是长线投资，对学习投入，才能收获持续的创新能力，团队才可能持续发展。

营造学习环境

对一些大型企业来说，为了更好地实施人才发展战略，通过有计划、有针对性地为公司成员提供终身学习的机会，来营造一个培养未来人才的学习环境，是企业对成员进行激励的重要措施之一。

对成员的培训就是最好的攻心战，凝聚了人心，联络了感情，激励了斗志,全面带动了公司业务的发展。这些企业所取得的成绩和积累的经验,是值得我们学习和借鉴的。

帮助成员制定学习计划

学习计划是职员自学时制定的,内容包括:打算学什么,在学习中打算采取的学习工具、资料等,还要指明如何对结果进行衡量。

这个计划当然是由职员自己决定的,但你也不能置身事外,应注意帮助职员学会如何实施这一计划。学习的重点在于要让学习活动与职员的工作以及个人需求密切相关,并要与有关的培训项目的目标相一致。每一个学习目标应制定一份单独的学习计划,每一份计划的内容应该尽量简明。

我们通常不可能在计划中列出全部条目,因为对寻找学习的过程本身就可能发现新的更有用的学习工具或更有成效的学习方法。同时也可以对初始的目标不加过多限定,以便沿着新的途径去寻找解决方案。

督促团队成员实施学习计划

(1) 明确学习主题。职员首先要确定他们工作中想要进一步提高的一个方面。如果许多人不知道从哪儿开始,能力描述是极好的参考资料,可以帮助他们确定学习需求。

(2) 将广义的培养需求定义成特殊任务。考虑所有目前被认可并愿意采用的学习方式,并将能力的发展定义为一项任务,应该在职员同意的情况下规定任务的完成时间。关键是保证任务能够完成。通常,在自学中最大的难点在于职员常常是贪多嚼不烂,目标定得过于庞大。

(3) 将目标具体化。目标应详细而精确,尽可能用术语描述并附以事例。但要注意,由于职员确定概念和战略时可能苦于漫无头绪,在早期阶段易将学习目标定得较为松散、抽象。当他们心里对计划比较有数时,你可鼓励他们将目标具体化。

（4）指定学习资源。根据现有的学习工具和既定学习目标，帮助职员自学。

学习资源包括书籍、杂志和网络等其他媒体，还包括专家、学习的目标、调查问卷、自我评价调查表和前人经验。

（5）确定成功依据。尽管计划对职员有益，也要对这些计划做出详细的说明。学习过程中经历了什么，以及他们学到了什么。然后，你要对此做出反馈并指导他们下一步的做法。

自我培训要坚持不懈，有一股滴水穿石般的韧劲儿，另外还要全面发展。如此长期坚持，必有成就！

鼓励团队成员分享成功经验

处于学习型组织中的成员，总是能够形成一种业务学习和探讨的氛围，在这样的氛围中成员们能够积极地参与业务学习，交流成功的经验，探讨业务技能和创新。

这种氛围的形成取决于是否有一定的团队文化。一般而言，在一个具有业务利益竞争的环境下，每一个人都有保守自身"业务秘密"的本能行为，这是不可避免的，这种情况在销售部门的各个业务人员身上表现得尤为突出。但是，总有办法通过划分业务范围和业务分层，把团队成员之间的直接业务竞争限定在一定的范畴之内，可以使得成员之间的交流和沟通成为可能，否则团队精神就会荡然无存。另一个因素是业绩考核体系，因为管理层可以制定不同的考核和奖励方法，从而就有可能通过方法的选择促使职员选择协作模式还是非协作模式。

有一个研究案例是这样的：

某公司为了提高销售人员的推销策略和销售技巧，便特别设立了每季度一次的销售方案评奖活动。希望业务人员能够把各自在销售实践中的经验和技巧分享出来，活动分别设了目标客户选择、产品展示方案、客户服务方法、最佳销售体验等奖项。销售人员可以把自己的得意之作做成演示文档参加评奖，最后把所有的获奖作品都汇集起来装订成册，发给大家学习参考。几次下来，这个公司各大区的销售就取得了突飞猛进的发展，公司也形成了很好的业务学习和探讨的风气。原来公司里的业务观摩活动，已经演变为业务人员之间经常性的互相交流和切磋。

一个团队学习的过程，就是团队成员思想不断交流、智慧的火花不断碰撞的过程。如果团队中每个成员都能把自己掌握的新知识、新技术、新思想拿出来和其他团队成员分享，就会产生1+1>2的效果，集体的智慧势必大增，团队的学习力就会大大高于个人的学习力，整体大于部分之和，这就是不断学习的团队的力量。

不懂销售管理，如何出业绩？

第八章
制定合理目标的力量

目标就是方向，它事关整个团队及其所有成员的利益。一个团队只有树立明确的目标，才能有前进的方向和动力，才能提高团队成员的积极性和主动性。制定合理的目标可以充分调动团队成员的才能，并推动他们自觉克服一切困难，一起努力达到目标。因此，团队的管理者要想带好团队取得较好的业绩，必须要有合理目标。

1. 团队的整体目标不在于有多大，而在于是否可行

　　团队制定发展目标，就是要让团队中的全体成员明白他们的奋斗方向。然而，有些团队的管理者在制定目标时，把目标搞成了一个庞大的体系，其中既有战略目标，又有战术目标；既有管理目标，又有营销目标；既有长期目标，又有短期目标；既有团队目标，又有个人目标……而且制定的目标远远高于团队的实际执行力。大多数目标制定者的本意是对团队有一个更高的要求，然而常常适得其反，制定的目标如果不切实际，反而使团队成员无法清晰地把握方向。

　　制定较高的目标当然会让人感到振奋。但必须注意的是，如果制定的目标与现实脱节，目标也就变得毫无意义。就像当年史玉柱的"巨人大厦"一样，最终只能半途而废。

　　著名企业家史玉柱的巨人集团，曾经以每年30%的高增长率令人注目。巨人集团原计划修建一幢18层的办公楼，可在修建过程中一改再改，层层加高，最终决定修建一幢珠海市的标志性建筑，楼高高达70层，史玉柱最初的目标，不过是建一幢18层的办公楼，但在决策过程中，偏离了原来的目标，以巨人集团自身的财力，修建70层的标志性建筑，根本无法启动耗资12亿元的大厦工程。由于巨人大厦将是珠海的标志性建筑，有关领导和当地政府都十分关心，史玉柱在决策时非经济因素占了上风，最后，巨人集团被拖垮了，一个原本应该有良好前途的企业就因为这样一个无法实现的目标而走向了穷途末路。

　　由此可见，团队的整体目标是不可以凭理想和主观愿望去制定的，任

何过高、过急和不切实际的目标,都会使团队产生巨大的危害。既然如此,我们应该怎样为团队制定出切实可行的目标呢?

分析外部环境

团队所面临的外部环境在很大程度上决定了管理者可能的战略选择,成功的战略必然是与环境相适应的。因此对环境的分析就成了竞争规划步骤的关键要素。

每一个团队的管理者都必须分析它所处的环境,必须了解市场竞争的焦点,法律、法规对团队可能造成的影响,以及团队所在地的劳动供给状况等。最重要的是要准确把握环境的变化和发展趋势及其对团队可能产生的影响。

分析团队资源

团队的职员拥有什么样的技巧和能力?团队的现金状况怎样?在开发新产品方面,团队是不是一直都很成功?公众对团队及其产品或服务的质量有什么反应?

对团队资源的分析促使管理者认识到,无论多么强大的团队,都会在资源和技能方面受到某些限制。例如,一家较小的汽车制造商,不可能仅仅因为看到了微型客车市场的商机就贸然制造微型汽车,因为它没有足够的资源保证自己能够成功地进入微型客车市场,去和克莱斯勒、福特、丰田等这样的大汽车公司竞争。

以管理者个人为基础

绝大多数的管理者在制定目标的时候,都是以部门、团队的总体目标为基础的。比如本月部门要实行盈利多少万元。其实,这样的方法反而容易导致团队内部成员责任的缺失。目标的设定,最好以个人为基础,再以总目标上下贯通。因为如果以部门为对象来制定目标,团队管理者个人的成果和责任反而显得模糊不清了,个人的责任感淡化,工作热情也会减退。

例如,团队管理者设定以工作能力提升为目标管理重点时,如不以个人为对象来设定目标,就会与目标管理的主旨相脱节,失去了应有的激励作用。设定以业务绩效的提高为目标时,则团队管理者要尽量征求下属的意见,这样,也可收到团体合作的效果。

设定目标时,无论以部门还是以个人为对象,一定要与企业的总目标上下贯通,互相结合。

明确目标的种类

不同种类的目标在执行的过程当中,方法是不一样的。对于职员来说,身上具备的责任也是不一样的。因此,在前面的基础上,团队管理者就要明确自己的目标是长期的,还是短期的,首先就要明确实现目标的时间段,职员才能安排好时间。总的来说,目标有以下几类:

1. 长期目标。

一般是拟订的本部门在几年或十几年内所要达到的团队的发展目标,有时,团队管理者也会拟订职员在几年之后,或在十几年之后所要达到的个人的发展目标。

2. 短期目标。

一般是团队管理者在自己这届任期内所要达到的团队的发展目标。无论目标设定是长期还是短期,目标内容都不易太多,否则,就会抓不住重点,反而使目标变为虚设。

明确目标的重要程度

有些团队管理者在拟定目标时,还分为重点目标、非重点目标等种

第八章　制定合理目标的力量

类。以某公司营销科长所拟定的目标为例：

1. 滞销库存品减少10%；
2. 商品销售量增加20%；
3. 收款周转率增为4%；
4. 交货延期次数降为每月3次以下。

上述的目标拟订重点突出，一目了然，目标不多，但有具体的操作性。所以，团队管理者在拟订目标时，要把目标减少到几个以下，依照重要的程度、顺序加以排列，这样，重点指向显得更清楚。因此，团队管理者应根据其需要来决定轻重缓急，订下目标。

例如一个营销主管在拟订目标时，如果觉得增加销售额最重要，那么，就偏重于此目标，然后，再重视利润。再次，是设法减少销售费用。最后，才把目标定在呆账比率上。

2. 团队整体发展目标既要切实可行，又要有诱惑性

要想让团队成员得到快速的成长，从"普通"转化成"精英"，我们还要给团队树立一个明确的整体发展目标，用团队的目标去激励和约束他们。

团队的整体发展目标，是团队的发展方向，是对于团队未来的一种设想与规划。没有整体发展目标的团队，就像是大海中失去方向的船，只会在茫茫的大海中漫无目的航行，最终被风浪所吞噬。我们总是在说，加入任何一个组织，应该"做船员而不是乘客"，有意思的是，很少有人想过：他们所乘坐的"这条船"连要去哪儿都不知道，在"船上"的人又怎么知道自己该做什么，应该怎么做呢？

作为团队的管理者，如果团队中的成员做一天和尚撞一天钟，你就要问问自己：团队是不是有明确的发展目标，团队中的成员是不是知道。

当然，要想通过团队整体的发展目标去刺激销售员，帮助他们进步与成长，在制定这一目标的时候，还需要注意以下两点：

1. 团队的整体发展目标要具有一定的"诱惑性"

团队的整体发展目标，对团队来说是前进发展的方向，对团队的成员来说却是一种希望。作为团队的管理者，你要明白一个现实，那就是团队中的成员之所以选择加入这个团队，是因为他们把团队作为实现自我价值的平台。

一旦团队的整体发展目标缺乏诱惑性，团队会给人留下发展有限的印象，不仅难以吸引并留住优秀的人才，同样还会影响到团队成员的士气以

第八章　制定合理目标的力量

及工作积极性。你要求他们工作努力、积极，他们可能会在心里面说："在这儿做能有什么前途，要不是没办法我才不在这儿干呢！努什么力啊，凑合过得去就行了。"反之，当团队的整体发展目标有一定的诱惑性，会让团队成员觉得在这样的团队做有希望、有前途，会让他们在不知不觉中受到影响，变得积极主动起来。

2. 团队的整体发展目标要切实可行

制定的目标要有诱惑性，但不能太过于理想化，不切实际。否则，时间一长，员工就会有看起来让人兴奋不已的团队未来，只不过是一个永远难以实现的幻想的想法，积极性以及热情也会随之消失，更为严重的是，还会让团队的成员有种受骗的感觉，以至于对团队产生不信任感。而团队的整体发展目标切实可行，就能在实际的操作过程中落到实处，不仅仅会让团队成员明白自己应该做什么以及怎么去做，并因此取得相应的成绩而对团队以及自己的未来充满信心。

作为团队的管理者，为了能够促使团队成员进步，除了要将团队整体发展目标告诉每一位职员外，还应将团队发展目标跟成员个人发展目标结合起来，并根据各自的实际情况，帮助他们提高业务能力，以期符合团队的未来发展方向。

团队发展目标的描绘要令人信服

那么，中层管理者该如何描绘这些团队的发展目标，才能让职员信服呢？很重要的一点就是懂得授权，让职员成为团队的发展目标当中一个非常重要的组成部分。管理者充分授权，让职员感到责任感，要让职员知道他们是整体的一部分，如果缺少了他们的努力，团队的发展目标也就无法实现。在这里，所有的部分都组成了一个更大的整体，这就是"团队发展目标的力量"。

转化成有意义的目标

团队的发展目标是团队的发展方向，是基于现有基础上对于团队未来的一种设想，从某种意义上来说还是一种理想状态。那么，如何才能让这种理想状态变成激发职员前进的动力呢？那就必须把团队的发展目标转化成有意义的目标，这个目标是企业、团队存在的理由。它是对"为什么"的回答，而不仅仅是解释你在说什么。

说得更为简单一些，就是团队的发展目标应该有一个着力点，即让团队的成员知道自己所要做的是什么，以及在做好这些后会得到什么——对团队，团队成员以及客户。否则，团队的发展目标再宏大，对大多数的团队成员来说就如同"水中月""镜中花"，是难以激发出他们的工作热情以及使命感的。

通过团队的力量创造团队的发展目标

作为团队管理者，要明确地知道要把团队带到哪里去。重要的是，还要信任和运用团队成员的知识和技巧，从而创造出最佳的团队发展目标。

不论团队管理者最初是如何起草团队的发展目标的，重要的是先要了解职员对团队发展目标的看法和相关信息。那么如何得到这些信息呢？可以问职员以下的问题："你愿意为具有这样发展目标的公司工作吗？你能看到你与团队发展目标的契合点吗？团队的发展目标会帮助你确立工作的优先顺序吗？团队的发展目标对决策的制定有指导意义吗？团队的发展目标令人感到激动和鼓舞吗？我们还遗漏了什么？我们应该去掉什么？"

让职员参与意见会加深他们对团队发展目标的理解，帮助创造良好的团队发展目标。

就团队的发展目标进行沟通

在描绘企业发展目标的时候，团队管理者要让职员明白一个道理：团

第八章 制定合理目标的力量

队的发展目标提出来之后,还要知道该如何去实现这些目标。团队的行为都要围绕着团队的发展目标转。

从在一些企业的团队发展目标中,我们可以获得这样的启示:在一些公司中,团队发展目标的标语被装裱在镜框里挂在墙上,但是它不能提供任何指导,甚至它与现实严重脱节,因而不具有任何实践意义,这种团队的发展目标会让职员感到厌烦。这说明团队发展目标的执行是一个动态的过程,你需要让它时时保持活力。马克斯·杜普雷是美国第一大办公家具制造商赫曼·米勒公司的前任主席,也是《领导艺术》一书的作者,他曾经说过:在他扮演团队发展目标角色的过程中,他不得不像一个三年级的老师那样不停地一直说,直到职员正确、正确再正确地理解了这个团队的发展目标为止。你越是更多地关注你的团队发展目标,它就会越来越清晰、越来越深刻地被理解。实际上,随着时间的推移,你考虑团队发展目标的角度可能会有变化,但是其本质会保持不变。

3. 学会合理地分解目标，明确目标执行的优先顺序

在制定了目标之后，团队管理者还需要对整体目标进行分解，并设定优先顺序。现实中，有许多的团队虽然有着明确并切实可行的团队整体发展目标，就是因为没能合理地分解目标，并确定执行的优先顺序而使团队发展目标形同虚设。

为什么这么说呢？

首先，团队的整体目标是由无数的小目标组成的。倘若不能分清小目标之间的关系，把小目标做好，即便整体目标制定得再合理，如果不善于分解，就像是没有任何计划往一间空房子里面搬东西，有限的空间内能装多少东西呢？又怎会不乱呢？如果，在搬之前，先想想里面应该放些什么，应该放在什么地方，结果是不是完全不一样呢？

其次，人的精力是有限的，如果想要同时执行多个目标，职工在工作中必然会发生混乱，弄不清楚自己到底该做什么，结果导致一个目标也没有实现。另外，一味地让职员忙于各式各样的事情而没有重点的话，会使他们最终变得平庸。不仅如此，让团队的成员兼任无关紧要的工作，还会引起他们的不满，甚至导致工作效率的下降。

由此可见，我们要想带好团队，就应当对整体目标进行合理的分解，并确定优先顺序。

合理地分解目标的要点

有效的目标分解就是将总体目标在纵向、横向或时序上分解到各层

次、各部门以至具体人，形成完整的目标体系。具体的来说，就是将一级目标（总体目标）分解，将分解一级目标的手段再去分解二级目标，以此类推，一级一级的分解下去，从而形成一个"目标——手段"链。同时，自上而下又是逐级保证的过程，不但构成了目标体系，各级目标的实现也落到实处。

那么，怎么去分解目标呢？

1. 应按整分合原则进行。也就是将总体目标分解为不同层次、不同部门的分目标，各个分目标的总合又体现总体目标，并保证总体目标的实现。

2. 分目标要保持与总体目标方向一致，内容上下贯通，保证总体目标的实现。

3. 目标分解中，要注意到各分目标所需要的条件及其限制因素，如人力、物力、财力、协作条件、技术保障等。

4. 各分目标之间在内容与时间上也要协调、平衡，并同步的发展，不影响总体目标的实现。

5. 各分目标的表达也要简明、扼要、明确，有具体的目标值和完成时限要求。

在把握了以上的要点后，管理者可以用以下两种形式去分解目标。

1. 按时间顺序分解。

既按时间顺序制定出目标的实施进度，以便于实施中的检查和控制，这种分解形式构成了目标的时间体系。

2. 按空间关系分解。

按空间关系分解又包括以下两种：

A. 按管理层次的纵向分解。

即将目标逐级分解到每一个管理层次，有些目标还可以一直分解到个人。

B. 按职能部门的横向分解。

即将目标项目分解到有关职能部门，这种分解方式构成了目标的空间体系。

不管怎么说，一个团队的整体目标，如能按时间关系和空间关系同时展开，便会形成立体的目标系统，不仅使各级管理人员和每个职员对目标的整体一目了然，也能明确各部门或个人的目标在目标系统中所处的地位，不仅有利于管理者更加有效地布置与监督工作，更有利于调动员工的积极性、主动性和创造性。

确定先后顺序的法则

当我们对团队的整体目标进行合理的分解之后，对于那些小的目标，要确定实行的顺序，我们可以从时间、紧迫度、重要性等方面进行排序。如此一来，不但能够让团队中的成员明确自己在现阶段应该做什么，更为重要的是，还可以消除因为整体目标短时间内难以实现，影响到团队成员的工作积极性以及自信的问题。相反，因为小目标较之整体的大目标容易实现，可以达到激励团队成员，提升士气的作用。

合理授权，把工作目标分配下去

当然，对整体目标进行分解，并确立先后顺序后，就必须将相关的工作任务分配下去。为了能够顺利地完成目标任务，我们在分配的时候，以下几点是千万不能忽略的。

1.讲清楚团队成员具体要完成的任务。你对要分配的工作有个全面的了解，因为只有这样你才能向授权的团队成员讲清工作的目的和预期的项目结果。许多上司常做笼统和模糊的工作分配，而如果团队成员对所接受的任务——尤其是在最初分配时所接受的任务——认识不清时，他的工作表现很难会达到你的预期要求。举个例子，如果一位人事部经理只要求一

第八章 制定合理目标的力量

名专管福利的团队成员去设计一种新的"团队成员福利计划",这种说法就忽略了许多基本的信息。完备的谈话是:"我们想找一个新的保险公司,条件是他们提供的保险更倾向于保护顾客利益,能提供更全面的保险而保险费却更低。你去看看是否能找到至少三家福利条款较合理、能使我们的保险费用比去年的总额至少减少3%、同时又能在各个方面保持提供相同福利水平的保险公司。"

2. 在团队成员着手开始工作时向他讲清责任以及结果。团队成员常常会处于这样一种状态,即接受了一份工作,但并不十分清楚他们该达到什么结果、他们的表现将被用何种标准来衡量。上司应鼓励团队成员对此进行提问,并检查一下团队成员对所授项目的认识程度。

3. 给团队成员以足够的权力来完成任务。分配工作的一个关键因素是授给团队成员足够权力去完成其任务。团队成员对所接受的任务必须有完全的自主权,团队成员必须有足够的信息、人力来完成所接受的任务、有足够的自由来自主地开展工作。如果你要求每一位职员对项目中的任何细枝末节问题都需征得你的同意,你就违背了分配工作与授权的原则。

4. 要定期进行项目进度及成绩汇报。授权的上司必须对项目进行定期检查,以关注进度和及时发现问题。分配工作并不意味着经理放任不管了,有效的工作分配在给团队成员自主权的同时,还必须建立一种检查进度及目标完成情况的制度,这样可以减少分配团队管理者的一些风险。团队成员也会因清楚了时间安排和有不定期的工作业绩检查机会而获益。

5. 让人易于接近但别干涉别人。在布置工作任务的时候,你应该让团队成员意识到,在执行的过程中遇到难题,或者是有些不甚了解的时候,可以随时来找你。像这样做,并不是鼓励团队成员依赖你,而是有助于促进对话和鼓励团队工作精神。当然,在你这么做的时候,一定要遵循一个原则,即只能加以善意的引导,而不是去干涉下属要他们按照你的方式去做。

有意思的是，在我们的身边常常会出现这样的一些团队管理者，一旦遇到下属向他们反映执行过程中所遇到的问题后，就会很是热心地代劳。诚然，你这样是出自一片好意，但不要忘记，他们才是真正具体执行的人，而对每一个人来说都有着自己做事的方法。想想看，你这样做，不仅仅搅乱了他们原有的计划方案，更为严重的是对他们自身的能力发挥带来了巨大的阻碍，让他们在工作中无法做到真正的积极主动。

6. 对任务完成出色的给予嘉奖。擅于带队的团队领导者会承认团队成员的成绩，给予其公开的承认和私下的表扬。当一份被授予的工作得以圆满完成时，团队成员脸上有光，任何人都会得益的。

4. 学会帮助团队成员确定个人的目标

没错，明确而清晰的目标确立了团队前进发展的方向，但是要想真正地让团队实现目标，朝着既定的目标前行，团队的管理者还要善于把团队的目标内化为每个成员的目标。

日本学者中松义郎在《人际关系方程式》一书中指出，处于群体中的个人，只有在个体方向与群体方向一致的时候，个体的能力才会得到充分发挥，群体的整体功能水平也才会最大化。如果个体在缺乏外界条件或者在心情抑郁的压制状态下，就很难在工作中充分展现才华，发挥潜能，个体的发展途径也不会得到群体的认可和激励。特别是在个人方向与群体方向不一致的时候，整体工作效率必然要蒙受损失，群体功能水平势必下降。

在一个团队中，个人目标主要表现为个人希望通过他们在团队中的努力增加工资、提高职位、改善生活、实现抱负和社会承认等。个人目标的实现基于团队目标的实现，团队目标的实现需依靠团队成员共同努力。所以，个人目标与团队目标是相辅相成的，二者缺一不可，只有二者协调一致，才能达到共赢。

我们知道，任何的团队都是由若干不同的人组成。虽说他们是为了共同的目标而走到一起，聚在你的麾下，但是我们不能否认他们都有着各自的小目标。在很多的时候，这些个人的小目标极有可能会对团队的整体目标产生影响，倘若不想办法调节好，就很有可能会出现问题，接下来所要讲述的故事，就能让我们更好地认识到这一点。

有三只老鼠一同去偷油喝，到了油缸边一看，油缸里的油只剩一点点在缸底。由于缸身太高，这三只老鼠谁也喝不到，于是它们想了个办法：一个咬着另一个的尾巴，吊下去喝，第一只喝饱了，上来，再吊第二只下去喝……

这三只老鼠商量定了，便开始按计划执行。

第一只老鼠最先跳下去，它在下面想："油只有这么一点点，今天总算我幸运，可以喝个饱。"第二只老鼠在中间想："下面的油是有限的，假如让它喝完了，我还有什么可喝的呢？还是放了它，自己跳下去喝吧！"第三只老鼠在上面想："油很少，等它俩喝饱，还有我的份吗？不如早点放了它们，自己跳下去喝吧！"于是，第二只放了第一只的尾巴，第三只放了第二只的尾巴，跳了下去。结果它们都落在油缸里，永远逃不出来了。

上面所说的故事，就是团队成员追逐的个体小目标与团队总目标不一致而造成的形象写照。从这则有趣的小故事中，我们得到了这样的一个启示，要提升团队的战斗力，打造一个一流的团队，管理者就必须将团队目标灌输给团队成员，让他们共同承担团队目标。不过，让团队成员共同承担团队目标，并不是要团队每个成员完全放弃个人目标，而是要对团队的目标有着深刻的了解，将个人目标与团队目标和谐地结合起来。

话说起来简单，要真正做到确实很难，但是难并不代表做不到。为了协调好个人目标与团队目标之间的关系，让团队的目标真正发挥作用，我们可以从下面几点着手。

让团队成员知道团队发展的好处

在很多团队当中，职员都有着非常明显的"打工心态"。也正是因为有这种心态，很多人都觉得"团队发展与否和自己没有多大关系""团队发展得再好，自己也还是只能拿这么点工资"……在这种心态的指引下，他们根本无法好好工作，也无法有效地解决困难。所以，作为团队的管理

第八章 制定合理目标的力量

者,要想提高自己的领导力、提升团队的业绩,就必须让团队的成员知道发展的好处。

要改变这种状况,使团队的成员对团队的前景充满信心,就要让他们了解团队的优势和发展目标及未来的美好前景。他们只有看到团队发展的蓝图和目标,才会主动地把个人的事业和团队的前途紧密地连在一起。描绘美好的发展蓝图是调动团队成员积极性的一种重要"攻心术",职员越了解公司目标,归属感越强,公司就越有向心力。

要想让职员知道企业发展的好处,我们就应该引导团队成员思考以下几个问题:

1. 团队解散了,对我有什么坏处?
2. 除了这个团队,我还有什么地方可以工作?
3. 每个月我从这个团队中获取多少利益?
4. 如果我更加努力工作,会获得多少更多的利益?
5. 如果团队实现了年度目标,对于我来说有什么好处?

……

相信,一旦他们考虑清楚了这些问题之后,就会对自己的情况有一个非常直观的认识了。

认识目标一致的重要性

在团队管理中,如果团队目标只是管理层制定,只有一部分成员明确了目标或者只是在某种程度上了解了目标,那么行动的结果就可能出现像下面故事中"猎狗之跑"的情景。

一条猎狗将兔子赶出了洞,一直追赶它,追了很久仍没有抓到。牧羊人看到此种情景,停下来讥笑猎狗说:"你们两个之间小的反而跑得快很多。"

猎狗回答说:"你不知道我们两个的跑是完全不同的!我仅仅为了一

餐而忙碌，而它却为了性命而跑呀。"

这个寓言揭示了内在动力的强大威力。兔子与猎狗都在拼命地跑，然而，它们的目标是不一致的，导致其动力也会不一样。

达成目标上的共识，对一个团队来讲至关重要。它可以激发人的内在潜能，达到调动人的积极性的目的。因此，团队在制定目标时，应尽量让团队成员充分理解、认同，只有这样才能更好地按照既定的目标来进行团队的改革，推进团队工作，促进团队的发展。

落实于书面，定期回顾调整

在领导团队的成员向既定的目标前行时，失败和挫折在所难免，我们在惋惜和悔恨的同时，应该把失败的关键点总结出来，对原有的目标进行必要的调整，这样才能从失败中走出来，让目标得以实现。那么，在实际的团队建设中，管理者应怎么做呢？

这就要求团队的活动、发展等方面都应该有书面材料。这种书面材料既是对一段时间、一个项目的总结，也是对全体成员的一个汇报，更是为将来提供借鉴经验的宝贵资料。

你千万不要认为这样麻烦，俗话说得好："好记性不如烂笔头"，想要真正地记住就一定要落实到书面。

当然，记录的目的是为了总结经验，因此，你要对为什么会出现这种情况进行深入分析，并指导应该如何进行调整。不仅如此，作为一名优秀的团队管理者，你还要学会向所有成员分享这种总结。这样做的话，就可以让每一个好的经验延续下去，让每一个不当之处成为每个成员的警戒，以改善未来项目的工作效率和结果。

不懂销售管理，如何出业绩？

第九章
CHAPTER
流程管理，让业绩倍增

对任何的一个团队来说，团队成员的工作效率直接决定所能取得的业绩。而要想提升团队成员的工作效率，作为管理者就应该注重工作的流程设计，因为只有这样才能让团队中的每一个成员在执行的过程中做到有规可循，知道自己要做什么，并且如何去做。

1. 有效、高效的关键在于标准化、系统化

平日里，在与一些团队的管理者沟通时，时常会听到这样的抱怨，说自己的团队成员每天都忙忙碌碌地工作，可是仍然难以取得较好的业绩。他们问我为什么会这样，有没有好的办法可以改变这种状况。

忙而不能取得应有的业绩，这种情况可能是团队中出现的最糟糕的问题。那么，你觉得是什么原因引起的呢？有的人可能会觉得公司所销售的产品或者服务难以符合市场发展的需求，或者是团队成员的能力不足等等，像这样的说法看起来都有些道理。然而，在与这些团队的管理者以及团队的成员接触后，发现导致这种情况的最大因素在于团队的成员在开展工作的时候没有一个合理的流程，没有一个可以遵循的标准、系统。

我们都知道，组成这个团队的成员因为家庭环境、教育、经历等等，决定了在工作上的思考以及工作方式的不一样。倘若团队中的每一个人都按照自己的方式做事，甲觉得应该这样做，乙觉得那样做才合理，这就像划龙舟，每一个人都在用力划桨，可是用力的方向不一致、节奏不一致，龙舟行驶的速度会快吗？

接下来，就让我们一同来看看团队如果没有流程，缺乏统一的标准、系统会给团队带来什么样的影响。

首先，没有流程，缺乏标准、系统，会让团队的成员在工作的时候都习惯性地按照自己的意愿做事，以至于很多的时候会在一些不必要的事情上浪费很多的时间和精力。例如，有些团队的成员在接到工作任务后，便立刻按照自己的原有行为方式去做，虽说他十分努力，但是由于没有应有

的流程，常常会让管理者不能够了解到实际的工作状况，以至于管理者难以对整个团队的工作进行合理的安排，就会出现有的人很忙、有的人很闲、有的人工作早已经结束了、有的工作还没有安排下去的局面，如此一来，整个团队又怎么不会出现误工，影响效率呢？

一个团队战斗力的强弱不是由一两个成员所决定的，而是看整个团队成员是否都能够有效地动起来，作为团队的管理者，你必须记住这一点。

其次，还容易让团队成员之间产生矛盾，不利于团队的和谐稳定。没有流程，团队的成员在执行的过程中就没有了标准、系统，当团队中每一个人都觉得自己想的、做的是对的时候，就会出现推卸责任的情况，而矛盾也就自然而然产生了。试问，团队中成员都不团结能把事情做好吗？

综上所述，你要想把团队带好，取得较好的业绩，就必须注重流程的打造，让整个团队的成员在开展工作的时候，做到标准化、系统化执行。

标准化、系统化从团队成员配置开始

要让团队标准化、系统化，你就应该从团队成员配置开始，要知道自己的团队需要什么样的成员。我们的一些人在带队时往往对此有所忽略，并且形成了一个错误的认知——觉得销售团队的人越多越好，因为销售员越多接触的人就越多，而能拿下订单的几率就会越大。其实，销售团队能否取得较好的业绩并不在于概率，而是在于所针对的市场、最终的客户群是否精确。否则，即便是有再多的销售员也是难以取得较好的业绩的。

在团队人员配置的时候，你应该从市场和目标客户群体出发，清楚了解他们如何才会接受团队所推销的产品或者提供的服务，哪些环节是重要的，哪些环节是可有可无的，要做好哪些环节需要什么样的人，这些人又要有什么样的能力。当我们对这些有了大概的了解后，再把标准写出来就可以招聘到合适的职员，把相应的工作任务交给他们，跟进即可。最终让他们的职位跟相应的责任结合起来，做到职位分明、职责分明。

按工作步骤确定流程以及要求、标准

无论做什么事,都要遵循一定的规律,就像煮饭一样,要先淘米,放在电饭煲内通上电蒸煮一段时间才能煮熟食用。销售工作也是如此,同样要遵循一定的规律,简单地来说要遵循"寻找客户—拜访—交流沟通—成交—回访、维护"这几个步骤。在带队的时候,你一定要注意这些步骤,要团队的成员按照步骤去做,并且设定出相应的标准、要求,让他们在做每一步的时候达到规定的标准要求,才能做好下一步。像这样做,就能够让团队中的成员在执行的过程中时时刻刻都知道该做什么,并且应该做到什么地步。

我接触的一些效率低下的团队,每一个职员工作虽积极但不能取得应有的成绩就是因为如此。因为在没有流程、标准、要求时,团队的成员虽然积极地面对工作,但这种忙碌却是"盲碌",并且在竞争激烈的环境中为了能够尽快地取得业绩,以至于忽略原本应该注重的环节,忽略了谈成业务需要遵循的规则,让原本可以成交的业务成为幻影。例如,有的业务员就像是没头的苍蝇一样寻找客户源,在找到客户源后不加以分析就登门拜访,还没有聊上几句后就开始询问对方是否有意向成交……想想看,这样能谈成吗?

按照销售工作的规律设计流程,你就可以让团队的成员在实际工作中做好每一步工作,稳扎稳打地取得好的业绩,同样根据这一流程以及相应的标准、要求,可以很好地了解到整个团队的工作进度以及效果,便于带领团队朝更好的方向发展。

步骤分解,表格化管理

有的销售员明明知道在销售的过程中,要想谈成单首先就是要找对客户,去拜访,去与对方沟通,在让对方接受自己的过程中接受所推销的产

第九章　流程管理，让业绩倍增

品与服务。相信，只要是做销售的人都很清楚地知道这一点，但是他们为了能尽快地谈成业务，取得业绩，往往不去考虑那些，就像是一只卯足了劲儿的机器，不管客户是不是有这方面的需求，都会去拜访，在见到对方还没聊上两句就急切地向对方推销，要让对方购买，当遭到对方拒绝后就立刻转身开发新的客户……他们就像是一个人拿着锄头在挖水井，挖上两锄头见没出水就换地方，最后的结果是花了很多的时间和精力只是在地上留下许许多多大小不一的坑。如果他们在挖水井的时候，一直在同一个地方继续挖下去又会怎样呢？极有可能会得到甘甜可口的水源。

经常有销售员在谈业务时被客户拒绝，回来告诉经理对方没有这方面的需求，真是这样吗？说到底，在很多的时候就是没能认真遵循销售过程中的规律和步骤。怎么才能避免出现类似的情况呢？最好的办法就是将步骤分解，规定相应的标准和要求，并制定出表格，用表格进行跟踪管理。

在我认识的人中有一位叫郭青的，他就带着一支让许多人羡慕的高效团队。有很多人向他请教经验，他每次都很谦虚地说，把销售工作的步骤进行分解，让他们在做好了第一步后再接着做下一步。当他说完这些后，很多的人都觉得这样太简单了，就连我也表示怀疑。其实，他在跟别人分享这一经验时有一点没说，那就是不仅仅要将步骤进行分解，还要制定出相应的表格，并要求团队中的成员在工作的时候严格地按照表格和表格中的标准、要求去做。不仅如此，他还会对着表格对团队成员的工作进行检查。

你是不是觉得这样做太复杂了，在这儿要提醒你的是，虽说制定相应的表格看起来复杂，但是这种复杂却避免了以后的不复杂。除此之外，还要提醒你的是，关于这些步骤以及相关的标准、要求，你即便是跟他们说得再清楚，也应该形成他们能看得懂看得明白的书面表现形式——表格化。当然，在他们执行的过程中，你还要严格地要求他们填写表格，并按照表格上的标准要求去做。

你要想带好团队，不仅仅要知道让团队的成员去做什么，还应该让团队的成员知道自己该怎么做。把工作步骤进行分解，制定表格，并根据表格进行管理就能很好地达到这一目的。

2. 步骤分解的准则

对销售工作的步骤进行分解,大抵上分为"拜访前、拜访中、拜访后"三个阶段。拜访前又可以分三个步骤:寻找客户源、客户分析、拜访前的铺垫;拜访中同样可以分三个步骤:预约、交流沟通、告别;而在拜访后又可以分三个步骤:征询客户意见、制造再次拜访的机会、促成成交。上面所说的是销售工作的一个大概流程,我们可以按照这一流程进行分解。但是为了能够真正地达到提升工作效率的作用,在步骤分解的过程中我们还要遵循以下的准则:

1. 注重先后顺序,这是在步骤分解时必须遵循的准则。要严格地按照销售工作的先后顺序进行分解,即便是再小的细节、看起来不起眼的事都要注重。我们对步骤进行分解的时候不要害怕繁复,而是要将每一个步骤都清晰地列出来。有一些团队未能取得有效的业绩,就是因为在很多的时候没能遵循销售工作中的先后顺序,或者是忽略了其中的一些细节所致。

例如,有许多的团队不注重老客户的维护,以至于形成了一个奇怪的局面——不断地在开拓客户又不断地失去客户。在经济学上有一个很著名 80/20 定律,即团队的 80% 业绩来自于 20% 的老客户,试想一下,不能够维护老客户,团队的业绩又怎么能得到很好的提升呢?还有一点更为重要,那就是开发一个新的客户远比维护一个老客户的成本要高。

2. 划分标准清晰,即每一个步骤都应该有其工作的重点与方向。事实上,在每一个阶段销售员的工作重点也不一样,如果不加以区分,没有工作重点,做什么事都可以,分解步骤也就没有任何实际的作用,依然是一片"盲碌"。

3.有着明确的要求,对于每一个步骤要做到什么样的标准都有着明确的要求。像这样可以让销售员知道自己的工作是不是做到位,进而避免工作中的失误,提升成单的几率。

制定表格的要点

当我们根据上面的准则对销售工作步骤进行分解后,就要制定出相应的表格了。为了能够让表格发挥真正的作用,还要把与步骤相关的分析留给销售员自己填写。至于表格怎么制定,你可以借鉴下面这一模板。

项目名称:	具体负责人:						
第一阶段		起始日期	预计结束日期	预期结果	计划安排	实际情况	分析总结
	客户源						
	客户分析						
	拜访铺垫						

第二阶段,第三阶段的表格可以参照上面的模板,根据实际的情况来制定,只需要让团队中的每一个人能看得懂,并严格地按照要求去填写即可。

3. 增加检核量，管理检核记录

当你把表格发给团队成员后，要想让其产生真正的效应，你还应该加大检核量，即不时地将表格收上来，看看他们是不是真的按照上面要求的去做了。有一些人在带队的时候，虽说会注重流程，用表格去管理，但是就因为忽略了检核这一过程而导致没有给团队的业绩带来实际的提升。

柯峰就是一个注重流程的管理者，当然他也会给团队成员发放一些表格。按理来说，他的团队能够运营有序，也应该会取得较好的业绩，但实际的情形却恰好相反。为什么会这样，是流程设计不合理还是表格的制定有问题呢？其实，真正的原因在于，他将表格发放下去后就不怎么管了，哪天想起来才会把表格拿过来看看，而他要收表格的时候，许多的销售员才会慌里慌张地填写相关的内容。试想一下，这样的表格能起到什么作用呢？

队伍带的好不好，能不能取得优异的业绩，并不在于掌握多少管理方法，而是在于掌握的管理方法在实际中如何运用。这也就是为什么很多的人在向一些成功人士请教如何去管理好一个团队时，得到的答案往往跟自己所用的方法并没有多大的区别的原因所在。柯峰不能带好团队就是因为如此，不少的人没能带好团队其中一个原因也是在此。

对带团队的人来说，除了要掌握一些科学先进的管理知识外，更重要的是能够将这些知识运用到实际的带队工作中。那么，我们怎样才能做到这一点呢？那就是要让团队中的每一个人都知道如何去做，并从旁予以监督指导。如果你不能做到这一点，就不可能让这些好的管理方法落到实处，产生应有的效用。

人皆有惰性，并且在很多的时候会对自己较为宽容。当你在向团队成员说明工作流程以及用表格管理的益处时，职员会按照标准要求去做。倘若，如果你不加以监督指导，时间一长职员就有可能对流程所规定的一些内容有所忽略，难以真正地按照流程办事。柯峰在带队的时候虽然注重流程，并制定出相应的表格用来管理，但表格管理却并没能发挥应有的作用，就是因为柯峰缺乏应有的监督与指导。

由此可见，用流程、表格来管理团队，就必须注重监督指导。那么，具体该怎么做呢？

把定期检核当成团队的一种制度

首先，要规定固定的检核日期。你可以每天检核，也可以每星期检核，但是不管怎么说，一旦规定的日期定下来后，即便是再忙你都应该去做。在我们的身边，虽说有许多的团队也规定了检核日期，但是在很多的时候，往往会因为各种原因，没有在规定的日期内进行检核。一次、两次，下属可能不觉得什么，但次数多了以后，团队中的成员也就对于这种检核不在意了，觉得像这样的检核只不过是一种形式而已。要想让检核发挥真正的作用，在你规定了检核日期后，无论遇到什么样的情况，都应该坚持下去。这是我们把检核当成一种团队的制度，首先要做到的一点。

其次，就是要做到有奖有惩。既然作为一种制度，要确保能得到有效执行，就必须有奖有惩。在检核的过程中，如果发现没做好、没做到位的应当给予适当地惩罚；而做得好的同样应予以适当的奖励。有奖有惩才能有约束力，才能引起下属的重视，进而在约束下慢慢地变成一种习惯，自觉地配合好你的检核。

最后，还应该在发现问题的时候给予帮助。在检核的时候，不少的团队管理者一发现问题，就会没头没脑地予以批评。没错，下属在做得不好的时候应该追责,但是在我们开口批评下属之前,应该知道检核的真正目的不是在于追究是谁的过错,而是在于要如何避免这一错误的出现,以及减少因这一错误而带来的负面影响。其实,检核就是帮助我们发现以及解决团队成员在执行中所出现的问题。

这也就是说,当我们在检核的过程中发现有问题时,不能一开口就予以批评,而是要心平气和地了解实际的情况,知道问题究竟出在哪儿。倘若问题是因为销售员以外的原因造成的,就应当予以对方相应的指导、协助以及鼓励。

适时增加检核的次数

除了上面所说的定期检核外,我们还应当适时地增加不定期检核的次数。因为定期检核时间是固定的,有些团队的成员为了应付差事,在检核日期到来之前突击性地填写相关的表格。在这种情形下填写的表格内容,无疑缺乏一定的真实性。我们是很难从中了解到团队成员在执行过程中的真实工作情况,如果根据这些去规划、安排团队的工作,就可能会出现失误。而不定期检核,由于事先没有任何通知,属于突发性的,有效地规避了某些团队成员应付差事的做法,尽可能地获得团队成员在执行中的真实信息,有利于我们正确地安排团队的工作。

4. 考核标准明确才能提升团队成员个体效率

绩效考核通常也称为业绩考评，是针对团队中每个成员所承担的工作，应用各种科学的定性和定量的方法对团队贡献或价值的考核和评价。业绩考评的目的是通过考核发挥每个人的潜力，提高每个个体的效率，最终实现团队的目标。

吴兴大学毕业后进入了一家中外合资公司做销售工作。他很满意这份工作，因为工资高，还比较稳定，不用担心未受过专门训练的自己比不过别人。这样倒好，没有压力，可以好好过一阵清闲日子了。

刚上班的头两年，吴兴的工作平平淡淡，销售成绩一般。随着年龄增长，孩子出生，家庭经济压力的增大，他有了一种成就事业的紧迫感。于是，他开始努力工作以期望改变现状，随着对业务的熟悉和与客户关系的加强，销售额也渐渐上升了，他感到工作得心应手。到了第三年年底他已列入全公司几十名销售员中前列，对成为下一年销售员中的冠军，他很有信心。

但是，吴兴对工作逐渐失去了热情，他的心情很不舒畅。原因是自己拼命干活，工资不但没有比以前多多少，还从来没有得到过管理者的表扬。因为依照该公司的政策，是不公布每人的销售额，也不鼓励互相比较的。去年，吴兴干得特别出色，尽管公司的定额比前年提高了25%，但到了九月初他就完成了这个定额。根据他的观察，同事中还没有人完成定额呢。今年，公司又把他的定额提高了25%，他仍是一路领先，比预想的干得还好。

第九章 流程管理，让业绩倍增

但是，此时的吴兴看着永远"平静"的公司，越干越觉得没有动力和激情了，他开始觉得公司对推销员实行固定工资制是不公平的，一家合资企业怎么也搞大锅饭？应该按劳付酬。

偶然的一天，他听说本市另两家中外合资化妆品制造企业都搞销售竞赛和有奖活动，业绩优秀者可以拿到高额的佣金。其中一家的总经理还会亲自请最佳销售员到大酒店吃一顿，而且还有内部通讯小报，公告每人的销售业绩，还评选季度、年度最佳销售员，而自己在公司呆了这么长时间，一直没有得到提升。他决定去找公司经理好好谈谈，他诚恳地跟经理谈了他的想法，建议改行佣金制，至少按业绩给奖金制。不料经理说这是公司既定政策，拒绝了他的建议，这让他感到在公司的前景特别暗淡，于是他毫不犹豫地辞职了。

可以看到，吴兴辞职原因其实就是因为该公司没有一个完善的绩效考核制度。公司实行的是固定工资制，这种薪酬制度在某些行业中实行是比较合理的，比如政府、行政部门、科研机构。但是在销售和其他与利润直接挂钩的行业中，这种"大锅饭"式的制度就不能发挥应有的激励作用，满足不了职员对按劳分配的要求。人人"平等"，无论干多干少，干好干坏都一样，这种"大锅饭"的制度看似照顾了所有职员的"面子"，但是却无法调动他们的工作积极性。

绩效考核是组织对职员工作质量评估的一种方式，是对职员进行奖罚的主要依据，是激励机制的重要组成部分。所以，绩效考核结果一定要与职员薪资、职员提升和培训机会挂钩，才能真正发挥其应有的激励作用。但如何建立完善的绩效考核制度，又如何做到真正意义上的公正、公平，都是人力资源经理们头疼的问题。下面我们来看看一些高绩效公司的成功经验：

一定要有一个远景规划

就是作为公司经理，你希望五年、十年、二十年后，把这个团队变成一个什么样的团队，你的目标是什么？另外，绩效的衡量目标一定要从上而下，而且需要跟流程制度配合在一起。目标的确定，一般来讲是很高的，从远景怎样变成任务、变成现实，这需要非常紧密地结合起来。

及时予以工作反馈

一个人在一个单位做事，哪怕做得不好，也希望有人告诉他，所以管理者不要忽视下属的存在，如果做了三个月，都没人对他的工作能力做出评价，对于团队成员来讲，他会觉得不受重视。所以，在制定考核制度的时候，管理者一定不能忽视这一点。

让团队成员清楚地了解他们的任务和目标

事实上，要想通过考核提升团队成员的工作效率，还应当要让团队的成员清楚地了解到他们的任务和目标，并且在此基础上对他们进行考核。过程中一定要做到公正、合理。最好的办法是让团队成员先对自己进行考核，然后团队的管理者再在此基础上予以修正，像这样的结果才是比较公正合理的。

除此之外，为了进一步加深团队成员对自我任务和目标的印象，作为团队管理者，你还要鼓励团队成员及时反馈意见，多和他们交流，让他们对自我的结果负完全责任。不仅如此，我们还应当将考核直接跟加薪、升职挂钩，并根据实际的情况对这些制度予以改善。

当我们为了让团队成员清楚地了解他们的任务和目标时，还应该多跟他们谈谈未来的发展，即把职员个人的职业生涯目标跟绩效结合在一起。这样一来，团队的成员就会感觉到"因为只要我做得好，我在这个公司就有希望"，如此一来，他们在工作中自然而然就会变得积极主动起来。

绩效考核制度一定要简单易用

任何制度的制定目的都是为了应用，如果过于复杂而难于应用，那就有违当初制定时的本意。

一套完善的绩效考核制度是对职员进行有效考核的基础，作为企业的管理者一定要依据公平公正的原则，建立一套适合自己企业的绩效考核制度。如此才能最大限度地提高职员的积极性，激发他们的潜能。

不懂销售管理，如何出业绩？

第十章 CHAPTER
学会布置与监督，团队成员才能把工作做到位

为什么团队成员总是难以完成你所交代的工作任务，或者最终的工作成果并非是你想要的呢？许多的销售团队就是因为如此，导致了在工作中出现了诸多的问题，无法让既定的目标与计划落到实处，像这样的团队肯定是难以取得较好的销售业绩的。对此，作为管理者该怎么办呢？解决的方法，就是要学会相应的布置与监督工作的策略和技巧。

1．要想计划落到实处，就应处理好策略与执行的关系

有不少的团队管理者都存在这样一种认识上的误区，他们无意识地将目标与策略等同了起来，认为自己制订了团队的发展目标，就等于做好了策略上的实施保障。正是这种错误的认识造成了团队执行力的薄弱。对于团队来说，目标只是团队发展方向的一种主观愿望。而如何才能保障在达成目标的过程中工作上的执行到位才是重中之中，每个人对如何达成策略目标的理解是不同的，在执行的措施上也会因人而异，这种情况都使得目标在执行过程中存在着非常大的不确定性，从而造成团队目标在执行过程中存在巨大偏差。

所以，执行力的关键在于保证团队成员工作的一致性，而这种一致性并不是来自于目标，而是来自于正确的策略，这是作为团队上司面临的另一个重要问题。很多团队的整体策略都在上司一人的大脑中，平常都是通过上司与团队成员之间的沟通来推动执行的，这就存在一种状况：经常沟通的团队成员容易理解上司的意图，不常沟通的团队成员只能依靠自己的理解来行事，其工作结果自然会造成很大的偏差。问题在于，依靠口头沟通的方式无法将策略正确转化为一致的行动，团队必须要通过规范化的形式来完善执行体系，保证每一个团队成员都能够按照正确的策略来展开行动。

团队经营要想获得好的业绩，正确的目标与有效的执行力缺一不可。许多团队虽有好的战略，却因缺少执行力，最终导致失败。在市场竞争日益激烈的情况下，竞争双方之间的差别就在于执行能力，当务之急，团

队上司应亟待重新审视角色定位，避免成为"策略上的巨人，执行上的矮人"，增强自身和团队的执行力。

团队管理者必须具备相当的执行力

"执行力"是否到位既反映了团队的整体素质，也反映了团队管理者的角色定位。管理者的角色不仅仅是制定战略和下达命令，更重要的是具备较强的执行能力。如果团队管理者认为做管理工作不需要自己去执行与推动，那么其角色定位就有问题。具备较强执行力是上司角色定位的观念变革，团队管理者的亲力亲为能够弥补战略的不足，也便于在执行中发现规划中存在的问题而及时做出调整。从这个意义上，我们说执行力是战略实施乃至团队成败的关键。为了更好地实现经营目标，我们就必须反思团队管理者的角色定位——不仅要制定战略，还应该具备相当的执行力。

需要一手抓战略，一手抓执行力

再好的战略也只有成功执行后才能够显示出其价值。因此，作为团队管理者必须既要重视战略，又要重视执行，做到一手抓战略，一手抓执行，两手都要硬！战略和执行力对于团队的成功来说，二者是辩证统一的关系，缺一不可，战略是团队未来发展的指南，而执行力则是团队发展的保证。

认识到自己才是战略执行中最重要的主体

许多团队管理者认为自己的角色定位于主要负责描绘团队远景，负责制定战略，而具体执行则属于细节事务，认为这是下属的事情，不值得自己费神，作为上司只需要授权就可以了，这个观念是绝对错误的。相反地，执行应该是团队管理者最重要的工作。实际上，真正优秀的团队管理者必须脚踏实地，深知自己所处的大环境、认清真正问题所在，然后不畏冲突勇敢地面对。团队管理者制定战略后也需要亲自参与执行，只有在执行中才能准确及时地发现战略目标是否可以实现，才能及时根据执行的情况进行调整，这样才能够保证战略目标的有效达成。

重视培养团队的执行力

团队管理者是战略执行的最重要主体，这并非就是说凡团队里的大小事务必须亲自去做，其角色定位变革很重要一点就是在重视自身执行力的同时，还必须重视培养团队的执行力。执行力的提升应该覆盖整个团队范围内，而如何培养团队成员的执行力，是团队总体执行力提升的关键。

怎样才能使团队成员更好地理解团队的战略意图并且以正确的方法来执行呢？

首先，我们要清楚一个误区，那就是认为团队战略只需要高层核心人物了解就可以。我们不少团队的管理都有这样错误的看法，其实，团队战略的实施需要全体团队成员的共同努力，所以团队战略不仅要让每个团队成员清楚的了解，而且还应该通过培训等形式不断加强团队成员的认可度，只有这样，才能保证团队战略的有效实施，才能保证全体团队成员都能够朝着共同的团队目标努力。

其次，对团队成员进行及时的培训。IBM 公司拥有全世界最强大的销售团队和最完美的售后服务。为什么？就是因为 IBM 对公司的每位成员都要进行详尽细致的培训指导。在 IBM，每一位表现优异的成员都要带领一名刚刚加入 IBM 的成员或者表现不佳的成员，对他们进行随时随地的培训指导。正是有了这样的机制，才使得 IBM 具有非常强大的执行能力，保证了所有成员都能够不断地朝着公司的总体战略方向前进，不断地为公司创造着巨大的财富。

最后，对团队成员的工作业绩进行及时的监督检查。IBM 前总裁郭士纳的一句话"团队成员不会做你希望的事，团队成员只会做你监督和检查

第十章 学会布置与监督，团队成员才能把工作做到位

的事"，我觉得这句话道出了管理的精髓。我们大家可以去想一下，如果高考取消了，还有那么多人愿意学习吗？考试就是检查，同样的，我们也必须在团队里建立一个类似"考试"的检查系统。监督和检查是一个团队真正把执行落到实处的关键一环。许多团队的战略目标最后沦为口号，就是因为没有一套有效的、为实施团队战略服务的监督检查机制。

2. 改变方式，让团队成员乐于接受你的指令

要想让下属容易理解，乐于接受管理者发出的指令，也能更好地执行，更认真地负责，管理者在布置任务时就要对下属保持信任、尊重、平等、虚心的态度，因此，在下达指令，布置任务之前，管理者应该事前充分准备，把问题想得周密细致，以便使指令更完善、更切合实际。

世界连锁饭店业的巨头希尔顿曾经指出，管理应尊重权威。酒店如同一条行驶中的航船，掌舵的船长对于所有船员和乘客无疑就是一个绝对的权威。总经理负责的酒店管理也莫不如此，酒店的经营效益、社会效益在极大程度上取决于总经理对董事会决策的执行水平。如果政令不畅，落实受阻，再英明的决策也无法最终转化为实际的经济效益和社会效益。因此，酒店管理者必须重申总经理的权威，尊重这种权威，并培养职员对权威的服从意识，而绝不能简单地、牵强附会地把它与"独断"联系起来。

具有现代管理观念的酒店总经理，往往在执行董事会决策的重大问题时，都能知人善用、集思广益。各级部门领导为总经理出谋划策，提供建议、咨询只是对总经理工作支持的一个方面，另一方面则体现为：一旦总经理对某一重大问题做出决定，各级部门都必须无条件地放弃自己的不同意见，坚决地、不折不扣地执行总经理的指令，这是在酒店管理工作中实行准军事化管理的关键。

参照军队的体例，我们认为酒店管理中，必须实行垂直领导的原则，即职员对其直接主管负责，主管对部门经理负责，部门经理对分管的副总经理负责，副总经理对总经理负责。在岗职员对自己的直接上级交办的

第十章　学会布置与监督，团队成员才能把工作做到位

工作任务不能有丝毫的折扣。必须指出，总经理并非是高高在上的"太上皇"，而是酒店及全体职员利益的总代表，他所决策的一切必须对整个企业的命运负责，对职员的切身利益负责，对客户负责，对董事会负责，这便是"准军事化"管理这一概念的基本要义和真谛。这样的管理机制非常便于指令畅通无阻，落实迅速，酒店上下团结一致，问题有人管，事事有人抓，从而可以有效地避免工作拖沓，责任推诿，行动迟缓，互相扯皮，浑水摸鱼，投机取巧等一切有害于公司发展的弊端。这种垂直领导的上下级关系在运作上都服从于公司的整体部署，因而是统一而协调的。各岗位的人员如同一部机器上的齿轮或螺丝钉，为同一目标发挥着各自的作用和功能。

有人指出，希尔顿强调管理者的权威性以及下属人员的服从观念，不会导致酒店的家长制作风。原因主要有三个，首先我们所说的是在执行指令的工作过程中的服从，以及工作调度上的服从。其次，任何职员如果以关心公司命运为出发点，随时都可以向领导提出个人建设性的建议。对酒店发展有价值的个人意见或建议，最终都会受到领导的重视和采纳。再次，酒店定期的领导接待日是对这种垂直关系机制的一种补充。这一天，任何一名普通职员都有权按程序走进领导接待室，畅所欲言，直抒己见。

在特定的条件下，希尔顿式的"独断"管理风格有其必然性和必要性。

在现代企业管理中重视职员个人价值的理念，日益引起了企业管理者的注意。也有一些管理者却依然确信，凭借手中的权杖就可以在职员中起到呼风唤雨的作用，让成员怎么做，他们就会怎么做。在通常情况下，不要形成管理者居高临下，一二三四布置一大套，执行者俯首听命、机械服从、不置一词的僵硬气氛。如果你以为成员会按照你手中权杖的指点而行动的话，那你就错了，你还必须加上沟通和引导才会有效。但是，在崇尚"人性化管理"的今天，权杖的挥动，只会招致成员的不满甚至是对抗。好的管理者绝不会凭借手中的权力去操纵成员，而是乐于与成员沟通、善

于激励成员的士气、积极引导成员进行开创性的工作。

最重要的，好的管理者要非常能放得开。他们必须善于上下沟通去与人接触，他们不会拘泥于礼仪，他们会与人们直率往来，让人感觉容易亲近。具体来说，管理者不得不下命令时，应该注意以下几个要点。

先征求职员的意见

在下达命令之前是否和职员商量过，是否征求了他们的意见，对职员来说完全是两种不同的感受。不与他们进行任何商量，直接下达命令和任务，职员就会感觉这是在为领导完成任务，即使有一定的积极性，也发挥不出自己的潜能。

但是，如果先同他们进行商量，征求一下他们的意见，就会使职员认为这是领导对自己能力的信任和认可。如果职员的意见和领导的一致，或者更好，那么职员也会认为这是在为自己工作，做好做不好关系着自己在领导心目中的形象和地位，所以要求自己必须做好。这就可以充分激发出职员的潜能，使他们更好地完成工作。

北欧航空公司的董事长卡尔松就深谙此道。他感觉到，公司内部的种种陈规陋习严重阻碍了公司的发展，应该进行一次大变革，把北欧航空公司改造成欧洲最准时的航空公司，他预计这至少要花费200万美元和将近1年的时间。

卡尔松认为应该把这件事交给自己的下属去做，并很快找到了一个合适的人选。这天，卡尔松专程去拜访这名下属，并诚挚地问道："我们怎样才能成为欧洲最准时的航空公司，你能不能替我找到答案？几个星期之后你来见我，看看我们能不能达到这个目标。"

卡尔松深知激励的艺术所在：如果他告诉那个人应该怎么做，并且规定只能花200万美元，那么，在规定的时间内，那个人一定不能完成任务。他会在期满后过来说，他认真做了，有一些进展，但仍需要再花100万美元,而且完成任务的时间可能还需要3个月。但是,用征求意见的方式向他请教后,问题就简单多了。

几个星期后,这名下属约见卡尔松,说:"目标可以达到,不过大概要花6个月的时间,而且要用150万美元的巨资。"随即,他向卡尔松说明了自己的全套方案。卡尔松非常满意,他把这项任务交给了这名下属。

大约4个半月之后,这位下属邀请卡尔松过来看他的成果。这时,卡尔松的目标已经达到,北欧航空公司已经成为欧洲最为准时的航空公司,而且,这名职员还从150万美元的经费中节省了50万美元。这就是征求意见之后再给职员下达命令的好处。

让职员把想说的话说出来

无可否认,有很多团队领导本身的能力都很强,他们富有经验,非常优秀,如果按照他们的要求和标准来工作,一般来说是不会差到哪里,但是,往往是这种人,由于过于优秀而产生的自信,或者比较强的独裁性,使得他们在给职员布置工作和下达命令时,总是不能采取正确的方式,结果无意之中,就对职员的积极性造成了很大打击。

一家公司有一项需要详细考虑的方案,领导对这一方案从不同角度加以研究,找到了一个解决的对策,仔细分析其利弊后,决定开始实施。领导把负责该项目的职员找来,令他完成这一任务,并指示他一些做这个方案的做法。

没想到的是,该职员对这个方案并不认同,他告诉领导,这种方法虽然具有可行性,但是也有很多缺点和危险,应该再详细研究一下,否则就无法实施。领导同意了他的说法。

其实,这个职员所想的和这个领导所想的是完全一样的,该职员正是想找个机会把这个方案告诉领导,然而,领导的指示却和他已经想好的对策完全一样,使这个职员的感觉很不好。他指出该方案有"缺点",提出应该再修改一下，其实是完全没必要的。道理就是这样简单，虽然是同样一件事，在指示清楚之后去做，和自己提出意见后再去做感觉绝对不同。要是按领导的命令来做，工作就没有任何意思，自己提出方案来做时，工作才会显得有趣，才有积极性。上面例子中的领导就是不明白这一点，才会在一开始就把自己的意见全部说出，并再要求职员去完成，结果打击了职员的积极性。

所以，管理者在给职员布置任务时，一定不要自命为"灭火专家"，先对职员全盘托出，然后让职员按你的要求去完成，即使自己早已胸有成竹，对采取什么样的对策心知肚明，也应该引导职员说出他们的想法。你应该向职员们开口说："公司现在面临一个问题，你看该如何解决？""太好了，你的想法确实不错，这项工作就由你来完成吧！"这样一来，就会使职员感到自己受到重视，并且是在按照自己的意思来工作，这就可以激励他们更好地完成任务。

以商量的口吻下达命令

以商量的口吻对职员下达命令，其实也是对职员的尊重，这可以使职员非常乐于说出自己的意见。团队的各项工作如果都能这样集思广益，那么工作的改善、职员积极性的提高就是轻而易举的事了。

松下幸之助在对职员发布指示或命令时，总是要先和职员进行商量："你的意见怎样，我是这样想的，你呢？""说说看，你对这件事是怎样考虑的。"一些年轻的职员，刚开始的时候还不怎么敢说，但是慢慢的他们发现，董事长非常尊重自己，很认真地倾听自己的谈话，而且常常拿笔记下自己的意见，他们就开始毫无顾忌地发表自己的见解了。

松下幸之助认为，采取商量的方式给职员布置任务，职员就会把心中的想法讲出来，如果管理者认为言之有理，就应该说："我明白了，你说得很有道理，关于这一点，我这样做好不好？"诸如此类，一方面吸收职员的建议或想法，一方面对职员产生激励，推进团队的工作。

　　除此以外，这种商量的方式也更容易让职员接受，可以拉近领导与职员之间的距离，让职员感受到领导对他们的重视。这样，团队会更有活力，管理者的工作也会更加顺利。

3. 适当放权，给予有能力的人相应的权力

尽管一个称职的管理者必须是一个"万事通"，但是，也不能做一个"管家婆"，不能包揽团队里大大小小所有的事。聪明的管理者就应该把自己手中的大部分权利分派给各主管以及每一个职员，这不仅能让他们有机会发挥自己的优势，而且能为自己省下宝贵的时间去做更重要的事情。

在管理实践中，有些领导总是习惯把自己的重要性无限地扩张，喜欢大小权力一把抓，大小事情统统自己动手，职员只能当他的助手，造成自己整天忙得像只无头苍蝇。

有一个团队管理者，当他在办公室时，所有的事情都要自己来处理，除了要与客户电话联络外，还要处理团队大大小小的事情，每天都忙得不可开交。实际上，由于他做得太多，反而他的职员只能做一些简单的工作，甚至不必费多少劲维护客户，也不必担负任何的责任与风险，像他这种做法，好的人才不可能会一直留在这个团队。

我们知道，团队的发展壮大不能只靠一个或几个管理者，而必须要依靠广大职员的积极努力，借助他们的才能和智慧，群策群力才能逐步把团队推向前进。再能干的领导，也要借助他人的智慧和能力，这是团队发展的一条最佳道路。

郑于华是一家私人电脑团队的经理，他每天都忙得焦头烂额，不仅要应付成百份的文件，这还不包括临时得到的诸如海外传真送来的最新商业信息，还要管理团队的其他大小事情。他经常抱怨说自己要再多一双手，再多一个脑袋就好了。他也明显地感到自己疲于应付，曾考虑增添助手来

帮助自己。可他终于及时刹住了自己的一时妄想，因为这样做的结果只会让自己的办公桌上多了一份报告而已。

这个团队里的成员都知道权力集中掌握在经理的手里，所以，每天他们每一个人都在等着经理下达正式指令。郑于华每天一走进办公大楼，就会被等在电梯口的职员团团围住，等他走进自己的办公室时，已经处理了一大堆事情了，也早已累得满头大汗。

实际上，郑于华已经成为了真正意义上的大事小事一把抓的"管家婆"，而非一个管理者。作为团队的最高负责人，他的职责不应限于有关团队成员的工作内，下属各部门本来就是各司其职，协助负责，以便给他留下足够的时间去考虑团队的发展、年度财政规划、在董事会上的报告、人员的聘任和调动……举重若轻才是管理者正确的工作方式，举轻若重只会让他把时间和精力浪费于许多毫无价值的决定上面。像郑于华这样的领导方式，根本无法推动团队的正常发展。

有一天郑于华终于醒悟过来了，他把所有的人关在自己办公室外面，把所有无意义的文件抛出窗外。他把工作做了分工，给自己的秘书作了硬性规定，所有递交上来的报告必须筛选后再送交，不能超过十份。刚开始，秘书和所有的下属都不习惯，他们已养成了奉命行事的习惯，而今却要自己对许多事拿主意，他们真的有点不知所措。

这种情况没有持续多久，团队便开始有条不紊地运转起来，下属的决定是那样的及时和准确无误，而且工作的效率也大幅度的提高了，往常经常性的加班现在取消了。郑于华有了读小说看报的时间、喝咖啡进健身房的时间，他感到惬意极了，他现在才体会到什么才是真正的团队管理者应该去做的。

为什么大部分管理者不肯授权，不辞劳苦地大事小事一把抓呢？

有些管理者对职员的能力缺乏信任，不相信职员能够独立工作。对于职员的工作，事无巨细都要过问和指点，让职员按照他的规则办事，如此一来职员就会觉得自己的工作能力受到了怀疑,感受不到来自管理者的尊重,在工作中毫无自主性,甚至会消极怠工。为了能够最大限度的挖掘职员的潜能,管理者必须摒弃这种做法,让职员有自由发挥的空间,从而增强职员的责任感和自主意识,进而更高效率地工作。

还有一些管理者喜欢把困难工作留给自己去做,他们总是认为别人胜任不了,总觉得亲自去做更有把握。一个管理者任何事都亲自过问,下属也乐意把问题上交,统统由你去处理。这样,就会形成一个恶性循环,管理者会十分辛苦,下属则总是推脱责任,在这样的情况下,一个团队又如何能够管理得好呢?

经营之神松下幸之助说:"最成功的统御管理是让人乐于拼命而无怨无悔,实现这一切靠的就是信任。"

创业初期,松下幸之助也总是凡事亲力亲为,事必躬亲,等到有了数百名职员的时候,有人建议松下居中策划,把外边的事情交给团队成员去做。起初,松下对此很不以为然,但随着经验的积累,慢慢地体会到了授权的重要性。他说:"最高管理者是应该身先士卒,冲锋陷阵好呢?还是应该居中策划,指挥众人?我想,这是个值得讨论的问题。在某些情况下,主帅身临阵前,确实有其必要。然而,一般而言,派遣部将在外担当军事行动,似乎比较合理。如此可使主将不必亲受生死的压力,而能冷静下判断、做决策,以指挥众人,使事情更顺利地进行。"

可见,一个成功的优秀的管理者,绝不是大事小事一把抓,而是懂得适当放权。但是在放权时,管理者要注意以下几点。

因事择人,视德才授权

授权的一条最根本的准则就是要因事择人,视德才授权。授权不是利益分配,不是荣誉照顾,而是为了把事情办好,综上考虑,管理者要选择思想品质端正、有事业心和责任心、有相应才能又精力较充沛的职员授之以权。

不可轻易授权

凡涉及到有关组织的全局问题，如决定组织的目标使命、发展方向、人员的任命和升迁，以及重大政策问题等，不可轻易授权。一般应当交给专门的政策研究机构或咨询机构提出相关决策分析方案，最后由高层管理者直接决策。

不轻易授予重大权力

事关组织的发展方向、人员的任免等重大权力不易授给下属。

不越级授权，不授权力以外之权

现代管理者体制都是逐级管理负责制，具有明显的层次性。授权应逐级进行，否则就会引起紊乱。如团队的管理者可向小组长授权，而不能向每一位销售员授权。同时，授权只能授职权范围内的权力，而不能把A职员应有的权力授给B职员，否则就会引起更大范围的混乱。

权责同授，交待明确

授权时，管理者必须向被授权者明确交待所授事项的责任范围、完成标准和权力范围，让他们清楚地知道自己有什么样的权力，有多大的权力，同时要承担什么样的责任。

4. 把工作任务交给他们，就要相信他们能做好

有些团队的管理者为了最大限度地激发职员的积极性和创造性，会采用高工资、高奖金、提供晋升机会、优厚的福利等激励手段。但是，这些手段并不是最好的激励手段。其实最简单、最持久又最有效的激励是管理者通过传递对职员的信任来实现激励的作用。

在管理学中，有一种人性假设理论，任何一种管理实践都是以一定的人性假设为前提的。这就是说，管理者的管理方式体现了他对职员的人性假设。他认为自己的职员是什么样的性格，就会采取什么样的管理方式。因此，管理者信任职员的管理方式，首先就必须认为自己的职员是可以被相信的。而职员从管理者的管理行为中也能够清楚地感觉到自己被信任。

有这样一家企业，管理者最起码的原则就是绝对信任职员，该企业的开放式管理和不上锁的实验室备品库都是这一人性假设的典型体现。公司总裁说："我们的政策和措施来自于一种信念，就是相信所有职员都想把工作干好，有所创造。只要为他们提供适当的工作环境，他们就能够办到这一点。我们关怀和尊重每一个人，并承认他们的个人成就。正是因为记住了这一条，多年以前我们就废除了考勤制，近年来我们又实行了弹性工作时间制。这不但是为了让职员能按自己的个人生活需要来调整时间，也表示了对他们的信任。"

信任体现了尊重和关心，只有信任职员的管理者才能赢得职员的心，使职员感受到归属感和被认同感，感受到自己的存在对组织的巨大价值，从而焕发出自己的工作热情。

第十章 学会布置与监督，团队成员才能把工作做到位

当然，信任职员就要给职员一个证明自己的机会。在任何的一个组织中总有一些职员看上去很"讨厌"，他们工作中从来都不积极主动，而且恃才傲物，眼高手低。对于这样的职员，管理者最好的处理方法并不是弃而不用，而是给他们提供一个适合他们的岗位。因为很多职员并不是没有才能，而是没有找到适合自己发展的空间，只有管理者相信职员的才华和工作能力，才能够让他们的长处得以发挥。

如果管理者不能够客观地评价自己的职员，先入为主地凭借自己的主观印象就给职员贴上"不行"的标签，那就可能会失去一个有用的人才。而被别人认为"不行"的职员，一旦得到了管理者的肯定和信任，就能够发挥出自身的潜力，创造出非凡的成绩。这样的职员还会对管理者怀有"知遇之感"，自然会拥戴管理者，对企业无比忠诚。

某家公司里有一个为人刻薄的女职员，没人愿意和她共事。管理者也发现了她不太愿意与人合作，但是还是让她负责人事专员的工作，并专门找她谈了话，说相信她一定能行。一开始，那位女职员显得有些无所适从，但慢慢地，她开始变得随和起来，处事干脆利落，工作也很出色。

正是管理者的信任使这位女职员发挥出了超常的潜能。大多数情况下，职员都会在得到管理者的理解和支持之后，就会用自己出色的工作成绩来回报管理者。

现代社会的最大缺点，就是人与人之间普遍缺乏互信互敬的胸怀，因此也导致了许多意识上的差异，甚至行为上的争执，造成社会秩序的混乱。管理者如果有信任别人的度量，不但可以提高办事效率，还可以为缺乏信任的人际关系增添许多光明与和谐的成分。

韩国三星集团管理者李秉哲一直坚持"人才第一"的经营理念。他尊重职员，并创造条件使他们充分发挥才干。"疑人不用，用人不疑"正是李秉哲从创业初期就始终实行并一贯坚持的用人之道。只要是他看好的人才，就大胆提拔重用，并努力扶持，予以充分的信任，使他们信心十足地

发挥自己的潜力。

有"硅谷常青树"之称的美国惠普公司认为：对待人才最重要的是信任和尊重。惠普是一个包容性很强的公司，它只问你能为公司做什么，而不是强调你从哪里来。在处理问题时只有基本的指导原则，却把具体细节留给基层经理，以便基层经理做出最合适的解决方案，因此，公司向来都为职员保留发展的空间。惠普也是最早实行弹性工作制的企业，允许科技人员在家里为公司工作。

因此，对待要用之人，首先就要依赖，并且要抱着宁愿对方辜负我，也不愿怀疑他的诚意的想法，只有这样才能真正地让团队成员把团队的事当作自己的事来做，从而激发出体内的潜能，自动自觉地把工作做好。作为团队的管理者，可以用下面几种方式来表示对他的信任，从而激活团队成员的潜能。

允许职员发表意见

在和职员一起研究工作时，只要条件允许，就应该先听听职员的意见和看法。当职员由于自己的看法和上级不一致，而表现出含糊其辞或竭力"靠拢"领导的观点时，作为上级，应及时鼓励职员坦率地提出不同意见。当职员大胆发表了不同意见，而这些意见确实比管理者原来的想法高明时，应当予以肯定。如果职员表述的意见毫无可取之处，也不要生硬地完全否定，而应该首先肯定它在某些方面具有参考价值，然后再详尽地说出自己的看法。要知道，在职员面前充分发扬民主作风，体现了管理者对职员的最大信任。

不要因职员一时的失败而否定他

在职员屡遭挫折，工作进展不大时，绝不能因此而抹杀他过去的功绩，怀疑他的才能，草率地中途换人，而是应该及时向职员提供必要的支持和帮助，消除他在工作中遇到的障碍。

让职员参与到日常的管理中

在制定计划、执行、检查、总结等管理过程中，管理者应尽量鼓励职员"参与"这些活动，让他们充分发表自己的意见。最大限度地倾听来自他们的各种不同意见，来增强他们对管理者的信任。

有意"免检"职员的某项工作

有意"免检"职员从事的某项工作，甚至对职员在工作中偶尔出现的小过失佯作"不知"，只要本人知错改错，不再重犯，就不予细究。

适度"松绑"

对职员不必统的过死，管得过严。给予职员适度的自由，让他们根据自己不同的兴趣、爱好、特长和追求，去努力实现个人的"目标"。有时候，职员在个人小目标上取得的进展，不仅不会影响上级制定的大目标，反而更有助于大目标的提前实现，对于整个企业以至社会也能多做一些贡献。适度"松绑"，相信职员的自我约束能力，也是对职员的充分信任。

5．有效的跟进与监控，才能让销售员做得更好

　　授权需要控制，放权并不等于放任。管理者之所以授予职员权力，是出于对其品质、能力的充分肯定，但是这绝不意味着无限制地让职员任意所为，更甚者让那些不具备被授权能力的职员破坏团队的形象。所以，怎样做到既要授权又要避免失控，既要调动下属的积极性和创造力，又要保持管理者对工作的有效控制，就成为授权中必须解决的问题。

　　信任是授权的基础，是一种理解和依赖，而放任则是散漫和纵容，管理者绝不能混淆二者的关系。信任能促使职员把事情做好，放任则只能把事情毁坏。管理者对职员授权应该是信任而不是放任，否则不仅无法完成工作，反而会使你失去管理者的形象，从而一败涂地。

　　要搞清楚，信任与放任是完全不同的两码事，管理者万不能怠于行使管理的权力。在工作中切忌对被授权者不管不问，要经常留意职员工作的状态，并给予必要的指导，同时也要防止查看是否有疏漏的工作环节，这也看需要管理者给予职员的指示必须明确、严谨。当在工作中出现意外变动时，管理者必须承担起指导的重任，与其让职员竭尽全力，不如管理者凭借着自身的观察，以及认真接受工作或部门状况的报告来判断，帮助职员指点迷津。

　　摩托罗拉近年来的衰落也正在于此，高层管理者的控权不力使公司的各级部门、各级主管互相推诿责任，工作效率低下。自 2000 年以来，摩托罗拉的市场占有率、股票市值、公司获利能力连连下跌。到 2001 年第一季度，更是创下公司 15 年来第一次亏损记录。

可见，如果放任权力，不仅起不到预期的授权效果，反而会带来更多的危害。因此，管理者若想轻松自如地驾驭职员，最好的办法就是在有效监控和牵制的前提下，将小权交给职员。有所不为才能有所当为，要想做到这点，管理者可以从下述几个方面入手。

跟进——在协助下属完成任务的同时实施监控

管理者在跟进的过程中，不但可以协助和支持下属顺利完成任务，而且还能监督下属，避免其偏离正确的方向。跟进要注意两点：一是及时，在第一时间发现阻碍工作进展的障碍，然后尽快排除障碍，确保工作顺利进行；二要注意适度，管理者需要跟进计划，而不是去具体执行计划，更不是直接插手去落实，否则只会把事情弄得更糟。

尽量减少反向授权

反向授权即职员将自己应该完成的工作交给管理者做，这也叫倒授权。发生这种情况的原因一般是：职员不愿冒风险，怕挨批评，缺乏信心，或者由于管理者本身就对工作"来者不拒"。除特殊情况外，管理者应该杜绝这种反向授权，解决它的方法就是在授权时多想一些任务的艰巨性，必要时，也可帮助职员提出问题的解决方案。

命令追踪

这是确保命令顺利执行的最有效方法之一，具体的操作方式有两种：第一种即管理者在发布授权指令后的一定时期内，亲自观察命令的执行状况。第二种则是管理者在发布授权指令的同时与职员商议定期呈报命令执行状况的说明。

授权后的有效反馈

反馈应当及时，反馈的内容应当具体化，要依赖数据说话，内容更要清楚、确定。管理者应该清楚反馈是为了使你了解事情的进展状况的。

及早、及时监控

管理者既要分权，又要控制。要做到"有限分权，无限控制"。权力的分配应该像金字塔，只有做到相互牵制，相互支撑，才能达到相互平衡、和谐。监控则应做到及早、及时，越早实施监控越有保障，越及时越有力。

充分信任，杜绝放任

信任是一种理解和依赖，放任则是一种散漫和纵容。作为管理者应当记住这一点，信任下属是必须的，但是信任也应该有个度，不要盲目信任，以免走上另一个极端——放任！放任不但会把授权的成绩冲得一干二净，还会殃及整个企业。

管理者应该认识到，放任职员的后果可能会使管理陷入困局，团队陷入泥潭。而解决这个问题的最好办法就是防患于未然，及时的监督管理可以有效防止放任的发生。

如果管理者放任权力的滥用，不仅无法激发职员的积极性和创造性，反而会激起其他职员的不满，给企业管理造成隐患。最高明的授权管理则是既把权力授予职员，又不能给他们以不受重视的感觉，既要检查督促职员的工作，又不能使他们感到有名无实。

一手软、一手硬，一手放权，一手控权。只有这样管理者才能管理好企业，防止放任管理所带来的弊害。切记，力戒没有信任的委任，力戒没有责任的委任。只有充分的信任和控制才能使授权发挥最大效用。

不懂销售管理，如何出业绩？

第十一章
用激励与压力的双重奏激活下属的潜力

　　人的潜能是无限的，团队中的成员也是如此，要想让团队取得更好的销售业绩，你就必须想办法将他们的潜能激发出来，让他们变"被动"为"主动"，以更饱满的热情把每一项工作任务完成好。要到达这一目的，你在带领团队的时候，除了要给予团队成员相应的激励外，还应当适时地给他们增添一些压力。

1. 团队成员的工作表现大多与薪酬制度有关

有一个团队的主管为了激励士气，让团队中的每一个成员都能积极主动的工作，便采取了一系列的措施，重点放在团队的整体发展目标上，向团队成员不断地灌输只要全体成员共同努力，当团队的整体目标实现后，团队的成员将会因为团队的成功未来会如何如何好等等。刚开始的时候，该团队成员的工作积极性还是蛮不错，但没过多久，也没什么工作激情了。

为什么会出现这种情况呢？在这儿要给你说的是，团队成员的工作表现与薪酬制度有着密切的关系，你要想带好团队就必须注意到这一点，并且根据自我团队的实际情况设计出相应的薪酬制度。

没错，我们确确实实要用理想、未来蓝图去激励团队成员，但我们不能忽略的一点，那就是这一切都是建立在他们获得的薪水能够满足基本的生活要求并有所结余之上，否则的话你就是世界上最杰出的演讲家，你的语言再怎么富有煽动性，都无法真正地激励团队成员的士气，甚至还可能会带来负面的影响。

没错，我们一直以来反对把薪水当成是工作的唯一目的，但是这并不等于只需要工作不去考虑薪水。先不要说普通的团队成员，就连你自己恐怕也无法做到。人就是如此，眼前能得到的比未来可能得到的更有诱惑力。然而令人感到遗憾的是，我们不少的人在带队的过程中，总是忽略了现有的薪酬制度——团队成员现在能得到什么，却一味地跟团队成员描绘未来的美景。在这儿要提醒的是，即便未来的前景再美丽，也需要让团队的成

第十一章 用激励与压力的双重奏激活下属的潜力

员在现阶段有所收获。

第二，薪水不仅仅是维护他们日常生活的基础，同样是他们在团队中价值的最切实体现。人人都希望被尊重，都希望能够将自我的价值体现出来。薪水，不仅仅是我们每个人劳动所必须获得的报酬，同样是其在团队中自我价值的一种表现。稍稍留意，我们便会发觉人们在谈到工作的时候都会无一例外地谈到薪水的高低。其实人们在谈着薪水的时候，真正想要告诉别人的是我在公司有多么的重要。一句话，薪水传递的是自我的价值感。

俗话说："金钱不是万能的，没有金钱是万万不能的。"著名军事家拿破仑虽然说过："金钱并不能购买勇敢。"但为了激发和保持部队的高昂士气，他总是及时慷慨地奖赏立下战功的官兵们。在征服普鲁士、打败沙俄，签订了《提尔西特和约》后，拿破仑一次就奖给达乌元帅 30 万金法郎，其他的将官和参战士兵，也都得到了丰厚的奖赏。这说明了什么问题？薪酬、奖励确实能够收买人心，确实能够激发团队成员的潜力。

可以说，"薪酬激励"是激励团队成员的起点和基础，只有满足了人们最基本的生存需求，其他更高层次的激励才有发挥作用的空间。无论对谁，更高的收入总是很有诱惑力的。对于"拼命往上"的人、"赚钱狂"和追求成就者，"薪酬激励"就更为有效。

通过上面的叙述，相信你已经知道了薪酬制度对团队成员的影响，那么，我们应该如何设置有效的薪酬制度去激发团队成员的士气以及工作积极性呢？

根据团队成员的贡献，给予报酬

我们知道，团队要有最强的竞争力，首先必须要拥有最好的队伍，并根据其贡献大小给予合理的报酬，使团队成员对于公司产生一定的依赖度和归属感，这样，才能留得住最好的团队成员。

不管你使用多么美妙的言辞表示感激，不管你提供多么良好的工作环境，他们最终期望的是得到自己应得的报酬，让自己的价值得到体现。

给予销售员比市场高的报酬

团队成员收入影响着他们对工作的满意程度。不管一个人的品格有多么高尚，即使一时可能会因谋求个人的发展而牺牲个人的收入，但不可能会长期如此。

最好的管理者总是在团队成员要求增加工资前为职员做好考虑，他们积极主动调查市场，保证自己团队成员的报酬比其他公司要高。这样可以让团队成员将宝贵精力和智慧贡献给公司，而不是计较个人的报酬。聪明的管理者会积极主动地支付报酬，而不是等待团队成员自己提出要求。

薪酬应与团队成员业绩相挂钩

当然，有时即使你付出的工资很高，还是有人不能满意，为什么会这样呢？很大一部分情况是团队成员总认为自己付出的很多，而得到的却很少。这个时候，解决问题的办法最好就是将个人业绩与报酬挂钩。管理者应当让团队成员清楚，真正努力的团队成员将会得到最好的报酬。

2. 每一个销售团队都要有一两个"明星人物"

你要想带好团队，激发职员的士气，就必须让团队中有一两个明星人物——尤其是在业绩上表现优异的团队成员。虽说大多数的管理者知道激励的巨大作用，在实际的带队过程中往往也会采取远景、薪酬、晋升等等方法，但颇为令人感到遗憾的是，这些不错的方法却收效甚微。为什么会出现这样的情形呢？就拿团队的发展目标来说吧！当你通过形象的语言向他们描绘团队将来的发展远景时，即便你说当团队的发展目标实现后，身在这一团队中的每一个成员会得到很多，但对于一些团队成员来说，那些固然很好，但却有些遥远。他们在听你说的时候，可能会在心里面说："别扯了，你还是来些实际的吧！"如此一来，又怎么能够产生提升团队成员的士气以及工作积极性的目的呢？

如果团队中有一两个各个方面都表现优异的明星人物，通过自身的奋斗在众多职员中脱颖而出，就能很好的起到这一作用。他们的成长是团队成员看得见，并切切实实感受到的。事实上，因为他们在能力上表现突出，早已经是其他团队成员的学习榜样，或者是竞争对象，此时，只需要我们稍加引导就可以发挥意想不到的示范激励作用。

在这儿，团队除了需要发展目标的激励之外，更更要的是要让他们真正地感受到只需要自己努力工作就能够实现自我的人生价值，同时可以获得更多的报酬。虽然，美好的未来对我们有着巨大吸引力，但我们更倾向于现在能够得到的。

曾经有这样的一个团队，不知道换了多少管理者，也不知道采用了多

不懂销售管理，如何出业绩？

少种激励方法都无法提振团队的士气，为了能让团队的成员工作变得积极起来，公司的领导绞尽脑汁。就在领导感到左右为难的时候，朋友向他推荐了一个人，他决定让那人来公司试试。

朋友给他推荐的那个年轻人，表面上看起来没有什么特殊之处，他对此人也就没抱多大的希望。然而让他想不到的是，就在短短的一个月之内，那曾经让他脑袋大的销售团队竟然变得充满了活力，并创造出了以前所没有的好业绩。对于这样的结果，他感到吃惊，便问那个年轻人是怎么做到的。

年轻人微微一笑，说："其实也没什么，我还是按照以前的规矩管理，只不过从团队中找出了一两个表现不错的职员给其他员工树立了一个榜样而已。"

将一个原本士气低沉的团队带成一个充满了活力与干劲的团队就是如此的简单。其实，只要我们稍微冷静下来想想，就可以明白为什么那个年轻人只是在团队中树立了几个榜样就能成功的真实原因。

1. 这些"明星"是他们所熟悉的人，而大多数人会容易受到身边人的影响。

2. 在每一个人的心里面都有着不服输的心理，当看到原来跟自己一样的职员获得如此大的成绩后，他们心里自然会想："既然他能做到，为什么我不能做到？"于是乎，便会在心中跟明星较劲，想要将他比下去。

3. 再者，明星因为自己优异的表现得到了丰厚的回报，也在团队成员心中留下这样一个印象：只需要自己努力，就会有着相应的回报。

说到这儿，相信你已经知道了在团队中树立榜样，打造"明星"的作用了吧！或许有人会说，你说的这些我都明白，但是我该怎么做呢？以下，就是我们在实际操作中应该注意的地方和值得借鉴的方法。

第十一章 用激励与压力的双重奏激活下属的潜力

以欣赏、发展的眼光看待下属,打造"明星职员"

常常听到一些团队的管理者在抱怨,说自己的团队成员能力不行或者是工作态度消极。在他们的眼里,似乎除了他们自己,团队中其他的人都是"酒囊饭袋"。像这样你是不可能真正地发现团队中的人才,更不可能找到自己所希望的"团队明星"的。所以作为团队的管理者,你必须从这种误区中走出来,用一种欣赏、发展的眼光去看待下属。要做到这一点,要把目光着眼于下属的长处,而不是紧盯短处,相信团队成员是有潜力的。

"明星职员"应是团队中德才兼备的人

在挑选"团队明星"的时候,我们要从业绩以及品德两方面去考察,尽可能地找到德才兼备的人。一般来说,作为"团队明星"要符合以下几个条件:

1. 个人业绩优秀,并服从上级的指挥、领导;
2. 具有强烈的责任感与敬业精神;
3. 有良好的团队合作精神;
4. 具有敢于挑战高难度工作任务的勇气;
5. 心态乐观,具有一定的自我个人表现欲。

事实上,也只有像这样的团队成员才能发挥正面的作用,给整体团队带来正面的影响。

给予"明星"相应的荣誉,让团队成员看得见

在你选定了"团队明星"后,除了根据其业绩表现给予薪酬外,还应当给予他们相应的荣誉。当然,你这样做,团队中的每一个人都会看到。例如,你可以在例会上表扬"团队明星",把他们的成绩说出来,或者是

当他们取得较大的业绩后给他们开庆功会……但有一条必须牢记，那就是你要让团队中的每一个成员都切实地感受到"团队明星"是因为自身的努力所获得的一切。

让每一个成员知道，只需努力同样可以成为"明星"

当我们在给予"团队明星"荣誉的同时，还应当在合适的时候鼓励团队成员向他们学习，让"团队明星"与大家分享他们的成功经验，并告诉大家只要努力就能够成为像他们一样优秀的"团队明星"，获得他们能获得的一切。当然，在这些团队成员取得一定进步时，就要予以适当的奖励。

3. 把团队成员的销售业绩写在最显眼的地方

在美国硅谷内就流行这样的一句话:"业绩是比出来的。"在带队的过程中,为了激发团队成员的士气以及工作积极性,除了上面所说的薪酬激励和发挥"团队明星"的示范影响力外,就必须树立起团队成员的竞争意识,并投入到竞争之中。对销售团队来说,把团队成员的业绩写在最为显眼的地方,并且让团队成员都能看到,就是最为简单、有效的方法。

孟海在接受现在的团队时,用他自己的话来说,那是他见过的最糟糕的销售团队,虽说团队的成员年龄大多数在20岁左右,但却没有年轻人应有的活力,不管他说什么下属都是木然地点头,工作的时候也是慢腾腾的一点都没有积极性。

一次,孟海看到有几个销售员在办公室闲聊,似乎无事可做,而那个时候正是销售部工作任务最重最紧的时候。看到眼前的情景,他不由得皱起了眉头,便说了他们几句。当时,那几个人也没有多说什么,只是看了他一眼,便都散开了,漫不经心地坐在各自的办公桌前开始给客户打电话,或者是查资料。然而,就当他转身离去的那一刻,一个声音传到了他的耳中:"拿着鸡毛当令箭!"

孟海当时听到这句话很气愤,他知道如果再这样下去,这个团队就完了。为此,他想了不少的办法以求改变团队现状,然而让他感到不解的是,不管他使用哪种方法,都只能让团队成员振奋一阵子,过不了几天就恢复了原来的样子。如此一来,他真的不知道该怎么办了,并且越来越感到焦虑,难免就会跟朋友抱怨。

一天，他又在跟朋友抱怨，恰好他的那位朋友也在带销售团队，并且带得还很不错。朋友在听到孟海的话后，便问道："你能告诉我，你团队的情形以及你是怎么去做的吗？"孟海便将自己接手这一团队后的情形以及自己怎么去提升团队士气的方法说了出来。

他的那位朋友笑了笑，意味深长地说："你不妨试试用一张大纸把所有人的业绩写上去，贴在墙上最显眼的地方，看看会不会有所改变。"

孟海一时之间没有反应过来，过了好半天才问道："这样有用吗？"

"有没有用，你可以试试看啊！"朋友笑着说。

孟海虽然对朋友的话有所怀疑，但最终还是按照朋友所说的做了。就当他将团队成员的上个月业绩贴到墙上的那一刻，他看到团队成员的眼中露出了诧异的目光，也有人指着上面自己那一栏的业绩低声谈笑，似乎没有什么事。他在看到这一情形后，不由得心凉了一截，心想看来这个办法也没用。就在他倍感失望的时候，有几个人的异常表现落入了他的眼中，那几个人恰好是业绩排在最后的几位，他们在看到自己的业绩后没有说一句话，脸憋得通红默无声息地离开了。

就在孟海将团队成员的业绩贴在墙上的第二天，那几位排在末尾的人就变得积极起来，一天、两天……随着时间的推移，孟海发觉整个团队的人都在慢慢地发生变化，在不知不觉中变得积极主动起来。到了月底，团队的整体业绩比以往提升了不少，而更让他吃惊的是那几位排在末尾的销售员的业绩竟然上升到了前几位。他感到高兴，想都没想又像上次一样将团队成员这个月的业绩又写在纸上，贴在了墙上。

事后，他好奇地问那位朋友为什么这样做就可以有这么大的作用。那位朋友浅浅一笑，反问："如果你的业绩每次都排在最后面，你觉得有面子吗？"

就像是孟海的那位朋友所说的一样，人人都爱面子，人人都有自尊心和自信心，并且在内心深处都希望自己比别人优越。把团队成员的业绩贴在墙上显眼的地方,就是充分地利用了职员的这一心理,让那些业绩排在后面的团队成员感到没面子。为了挣回面子而迫使自己去想办法获得更好的业绩。而当这些排在后面的销售人员在努力的同时,其他的销售员也不想被对方超越,受此影响而变得更加努力。就这样,便会在团队中形成一种你追我赶的局面,团队的整体业绩也就在无形中得以提升。

予以约束,确保良性竞争

竞争引导进步,竞争带来活力,但竞争带来的产物并不全是这些,竞争也会带来压力、挫败、恐惧等负面情绪,尤其是当出现不公平竞争时,它的弊端更是致命的,那种无序、恶性的竞争状态绝不会带来活力、绩效,相反,它激起的是怨恨、仇视、报复等不良心理。

身为一名管理者,要引导团队成员的良性竞争从而达到激励职员的目的,就更需要付出时间与精力。无疑,职员之间肯定存在着竞争,管理者的职责就是要遏制职员之间的恶性竞争,引导他们之间进行良性竞争。

第一,保证机会均等是公平竞争的第一步。优秀的团队是民主的,因此,应当为每个成员提供均等的发展机会,如果连起码的公平都保证不了的话,那么公正就无从谈起。

第二,创建正确完善的业绩评估机制。以实际业绩为根据来评价职员的能力,不可根据其他职员的意见或是自己的好恶来评价职员。评判的标准要尽量客观,避免主观臆断。

第三,创建公开的沟通交流体系。让大家多接触、多交流,有话当面表达。不鼓励职员搞小动作,不理各类小报告。作为老板,切不可听信个别职员的片面之辞,形成对另一些职员的片面看法,要坚信"兼听则明,偏信则暗"的原则,坚决抵制各类攻击性的小报告。

第四,要时常提醒职员:"可以向竞争对手正面挑战,但不要把对方当作仇敌。"要把竞争对手的存在,当作是促进自己努力工作的动力,同一组织内部的竞争对手更应当协调一致，共同进步。管理者要用正确的竞争规则教育职员。

第五，严惩攻击同事、破坏团队正常工作秩序的职员。团队就好比一部大机器，每个职员都是机器的一个组成部分，管理者的职责就是激励这台大机器上的各零部件正常运转，即引导职员们进行良性竞争，让大家心往一处想，力往一处使。只有这样，团队这台大机器才能飞速运转！

4. 学会赞美能使职员变得干劲十足

团队中的每个成员都希望得到管理者、团队同事的肯定，希望别人了解自己的价值、自己的优点，这是一切交往、一切谈话的基本出发点。赞美具有不可思议的魔力，是激励团队成员的有力手段，作为团队的管理者要善于使用赞美的语言以使自己的团队成员干劲十足。

优秀的管理者善于利用各种机会对团队成员进行赞美，这不仅是对团队成员的一种肯定和赏识，同时也表明了对他们的关心。管理者应当自然大方地去赞美他们，哪怕只是小小的一点儿成功。大事的影响和意义一般人都能看得见，说得出，而小事却未必，诸如乐于助人、整理办公室的卫生状况等。从微不足道的小事上来夸奖别人，其激励效果，可谓"星星之火，可以燎原"。

有这样一个故事。

韩国某大型公司的一位清洁工，本来是一个最被人忽视、最被人看不起的角色，但就是这样一个人，却在一天晚上公司保险箱被窃时，与小偷进行了殊死搏斗。事后，有人问他当时那么做的动机是什么，这位清洁工的答案却出人意料。他说："当公司的总经理从他身旁经过时，总会真诚的赞美他'你扫的地真干净'。"这么一句简单而真诚的赞美，就使这个团队成员备受感动，并不顾性命危险与歹徒进行生死搏斗，保住了公司的财产。

美国著名女企业家玛丽·凯曾说过："世界上有两件东西比金钱和性更为人们所需——认可与赞美。"打动人最好的方式就是真诚的欣赏和善意的赞许。能真诚赞美团队成员的领导，能使团队成员们的心灵需求得到满足，并能激发他们潜在的才能。然而，现今的销售团队中，却总是有一些管理者吝啬自己的赞美之词，常常以严厉的词语来批评团队成员，打击他们的自信心与积极性。

张言是某制药企业市场部的经理，非常有能力，但他只强调以个人强势的能力为中心，时时处处都表现出来对职员工作的不满，而且是挑剔任何一个职员的工作。面对繁杂的工作，他自己冲锋在前，身先士卒的担当起来，团队成员不论有没有能力，他都不会委以重任。职员工作完成之后，不论好与坏，结果达到目标与否，均得不到他的肯定。其中许多团队成员费尽心血甚至加班加点的在他规定的时间内完成的工作，不仅换不到他的一句赞美之词，而且还常常会遭遇到全部被他否定的厄运。要不就是团队成员的方案不过关，要不就是课件不精彩，要不就是没创新、效率低下。

而且，为了维护自己的权威，张言常常以数落、挖苦、嘲讽团队成员言行的方式去对待团队成员，使他们的自尊心受到了极大的伤害。

一段时间之后，许多有能力的团队成员因为无法忍受他的行为，离开了市场部，一时之间使企业市场部几乎陷于瘫痪。

也许你认为一味地批评团队成员并不会造成什么恶劣的后果，但事实上却截然相反。恶语似的批评不仅不会让团队成员对你的纠错感激，相反，你不注重方式的批评只会让团队成员心里产生更大的反感。正所谓"勿以恶小而为之，勿以善小而不为"，你不能忽视批评对团队成员所造成的伤害，你更不能忽略赞美对团队成员的激励作用，与批评相比，赞美所起到的作用远远超过其十倍甚至百倍。

心理学家研究证明，受过处罚的人不会简单地减少做坏事的心思，充其量，不过是学会了如何逃避处罚而已。我们常常听到这样的议论："工作做得越多错误就会越多。"潜台词就是：避免错误的最好办法就是避免接受过多的工作。而受到赞美的团队成员，他的积极行动就会多于消极行

第十一章 用激励与压力的双重奏激活下属的潜力

动,长此以往,他身上的闪光点就会代替那些不良行为。

所以,一个成功的带队人,必须懂得真诚地赞美自己的团队成员,注意团队成员身上存在的优点,观察他们在工作中的努力与付出,然后从这些细节出发,去满足受赞美的心理需求。

关于赞美,有一个形象的比喻:在不改变药效的情况下,给药加点糖,效果会更好。不过,这"糖"到底该怎么加,这"美"到底该如何称赞呢?其中有着十分玄妙的学问。

空洞的赞美只会引起反感

倘若团队管理者在尚不了解下属的情况下,只能讲些"年轻有为""前途无量""干得不错"之类的公式化语言,是很难打动人心的。因此,只有言之有物的赞美才能真正指出对方付出的心血、精力之所在。对一位下属如果只说他很能干,就不如说他某件具体事办得很漂亮更实在一些。

赞美要及时

赞美是对一个人的工作、能力、才干及其他积极因素的肯定。通过赞美,团队成员会对自己的行为活动的结果感到自豪,可以说,赞美是一种对自我行为的反馈,反馈必须及时才能更好地发挥作用。

同时,团队成员需要通过尽快地了解反馈信息,对自己的行为进行调节,巩固和发扬好的,克服和避免不好的。如果反馈不及时,事过境迁,那么人的热情和情绪已经冷漠,这时的赞美就没有太大的作用了。

赞美要公平

有的团队管理者不能摆脱自私和偏见的束缚,对自己喜欢的下属极力表扬,对不喜欢的下属即使有了成绩也看不到,甚至把集体参与的事情归于自己或某个下属,这样做常常会引起下属们的不满,从而激化了内部矛盾。这样的团队管理者不仅不能总结经验，反而以"一人难称百人意"为自己解脱，实在是一种失败。

公开夸赞要得体

团队管理者称赞下属，可以公开的夸赞，也可以私下里鼓励和肯定。但在现在的社会，在众人面前大加夸赞，也会给"榜样"带来麻烦和困扰，使称赞的作用适得其反。很多团队管理者往往有一种误解，以为在众人面前称赞职员，职员会心存感激，实则不然。

在众人面前称赞他人，必须注意：是否会令被称赞的人产生不必要的困扰，比如周围人的妒忌等。称赞是否恰到好处？比如你要考虑称赞得是否实事求是。作为团队管理者，应该避免对不在场的人进行称赞，尤其不能将在场者同不在场者进行比较，褒扬不在场者，直接或间接地指出在场者的不足，这样做从哪个角度来说都不好。

擅于发现下属的优点

身为团队管理者，如果始终摆出上司的架子或长官的威风，对下属"鸡蛋里面挑骨头"，以此获得自我陶醉或乐趣，则下属心理上必会形成"责备的挫折"，在关键时刻只会麻木不仁，以为上司的老毛病又发作了。如此，对事情本身是毫无益处可言的。作为团队的管理者，你应当从领导的位子上走下来，走到团队成员中，看到团队成员的优点，就予以赞扬。事实上，每个人都有优点，只要你能用一种欣赏的眼光去看，就能发现。

不懂销售管理，如何出业绩？

第十二章

稳定是团队不断创造业绩的根本

身为管理者，有一点要注意，那就是你必须并且想办法让团队中的成员稳定下来，心甘情愿地跟着你干。因为，人才是团队最大的资产，而人才的稳定才是让你的团队不断地创造出优异业绩的根本。

1. 要防止人才流失，先要清楚职员跳槽的原因

事实上，任何公司都不希望自己的职员跳槽，但要留住人才，必须想一些办法。可是，作为团队管理者无论自己做了多少努力，想了多少方法，包括委以重任，付给高薪和嘉奖业绩……却仍不能杜绝人才外流、跳槽的现象发生，为什么会这样呢？你有没有静下来认真分析优秀人才"跳槽"的原因呢？其实，我们要想防止人才流失，就必须对跳槽的原因有所了解。

刘总到长沙出差，第二天便接到职员小赵打来的电话。小赵在陈述了一大堆理由之后，说出了他的想法：辞职。

刘总非常恼火，小赵是他非常器重的一个大学毕业生，本来打算要好好栽培他，上个月刚刚给他发了奖金，又把他升为部门主管，这下倒好，突然提出辞职，刘总有种上当受骗的感觉。

现在企业经常遇到这样的事，某些企业需要的技术骨干或是重要岗位的职员跳槽到更好的企业去，这些职员是企业的精华，一旦流失，企业的损失很大。为了公司的正常运作，刘总还是极力挽留，电话一个接一个地打，但还是无济于事，小赵坚决要走。最后，刘经理采用了强制的措施，坚决不放人，结果小赵与刘经理大吵大闹，甚至闹到剑拔弩张、水火不相容的地步。

可以看出，在处理职员辞职的问题上，刘总的做法不妥，不仅留不住人，还给下属留下了不良的影响。在今天，职员跳槽已是家常便饭，遇到职员辞职的情况，尤其是优秀的职员，首要做的是弄清楚跳槽的原因，然

第十二章 稳定是团队不断创造业绩的根本

后采取相应的措施。如果你做了很多的工作,对方还是要走,明智而现实的做法是开绿灯放行,绝不要像刘总一样强行留人。

那么,职员为什么会跳槽呢?一般来说,下属跳槽主要有以下几种情况:

高薪资的诱惑

更高的薪水是跳槽的最大原因。如果职员觉得报酬不能养家糊口,或者是没有正确地反映自身的价值,与自己的期望值相去甚远,觉得不满意,就会辞职。对此并没有什么最好的解决办法,尤其是如果你觉得他们的薪水已经给的足够多的时候。

实际上,工资的多少并不是真正让他们继续留下来的关键,关键在于管理者和团队为人才成长发展所提供的环境。如果你想留住这类人,务必从工资之外的方面做文章,要让他们感觉到你能给他提供比金钱更有价值的东西,比如和谐的环境、公平的竞争、人性的关怀等等。相信没有人会仅仅为了钱而去工作的,尤其是在满足了正当的物质要求之后。

怀才不遇

有的人仅靠自己的能力和遵守团队的管理制度就能圆满地超额完成自己的工作定额,但内心里并不真正喜爱这份工作。如有位负责销售工作的部门主管,是公司的骨干,其工作成绩在公司连年都超定额,创汇、利润都很可观。但他却对制作电视广告情有独钟,希望有朝一日能去电视制作部门工作。此时如果有合适的广播电视公司要他去,他一定义无反顾地离开销售工作而去做电视制作。

最好的挽留他的办法是,让他同时兼做这两项工作,如果他确实才华横溢,兼做两项工作都很出色,不仅能满足他对兴趣的追求,又为公司留住了人才,不会担心因为人才流失而销售额下降。

工作环境较差

一些团队总是想把人才私有化,以实现对人才的"全拥有"。他们恨不得让职员变成机器,于是出现了工作时间、范围不明确,职员不得不昏天黑地、没日没夜地干,工作环境很差,久而久之,职员的厌恶之心顿起,走人也就不足为怪了。例如:

王先生在一家中型规模的私营企业从事快速消费品的工作,加班是常事,一天的工作时间,除了正常的上班、下班之外,就连晚上也不放过,通常是吃了晚饭,还要工作到晚上10点以后(该企业提供食宿)。而且礼拜天、节假日不明晰,甚至一般的请假也不准许。王先生说公司里的职员都长期处于疲劳状态,苦不堪言,所以很多人都辞职了。

在一些企业里,工作的范围也无界限,常常让一个人身兼数职,还要随时听命企业的临时安排。一个私营企业的营销人员,不仅在市场一线"冲锋陷阵",回来后,还要干些装车、打扫卫生甚至到车间"充当工人"的行当,让人不明白他们到底是营销人员,还是"装卸工"。

工资或其他的待遇不公平

有调查发现,有些人跳槽,不是因为原单位给的工资低,而是因为待遇不公平。作为团队管理者一定要对此有所区分,这样不仅会扼杀职员的工作积极性,还会造成一定人员的流失。如:

小王是某大学的研究生,供职于一家研究所,工资待遇都不错,可是最近却提出了辞职。于是,他的上司,约他在一家咖啡厅谈话。在咖啡厅,小王说出了自己离职的真正原因,他说公司里很多人,有的人很忙,有的人很闲,但是工资都差不多,这种大锅饭的制度让人觉得非常不公平,大家的贡献不一样,怎么能享受一样的待遇呢?

第十二章 稳定是团队不断创造业绩的根本

初入职场的毕业生才干得不到肯定

对于刚刚离开学校到公司工作的大学生、研究生，若不加强管理，注重早期培养的话，在两三年内他们最容易跳槽。由于他们年轻有为，前程远大，正是公司的希望所在，并且他们已熟悉了公司业务，如果让这类人才流失，公司还要再花代价去培养新手，造成多方面的损失。

假如有一位胸怀抱负的能人在公司里仍做着低级职员的工作，其才干并没有得到充分肯定，此时他要求离职另求发展也是很正常的。要避免这类不愉快的事情发生，就要把新来的职员看做是公司的一笔长期投资，精心地培养他们，安排公司有能力的主管或职员指导他们，让他们承担一些力所能及或者是稍微超出其能力的工作。

领导不守信用

据了解，目前部分高级人才跳槽，多数是因为老板办事不果断、有了承诺不兑现所致。领导要明白，你不守信用，必将会失去职员的信任，有谁愿意跟随一个不守信用的领导做事呢？

周先生有7年的培训、策划经验。今年2月中旬，他受聘于某职业技能培训中心任培训主任。当初，该中心总经理答应，提供必要的工作环境及办公设备。可周到任后，不仅办公设备成海市蜃楼，而且还得与人"合伙"办公。周先生说："更糟的是，我提出的招生、培训方案，总经理当时答应可以实施，可过了一天，马上改变主意，如此这般，致使事业屡次得不到开拓，不得已之下，我便跳槽了。"

所以，领导要对自己说的每句话负责，说到就要做到，不可给职员开空头支票。

任人唯亲

很多私营企业里，担任要职的都是与企业负责人有亲属关系的"自己人"，这些"大伯、二叔""三姑、四姨"等等亲戚，一旦在企业担任职务，外面的人才便很难有施展的空间。正是因为任人唯亲，公司职员备感能力发挥无望，不得不一走了之。

小夏在某私营酒厂担任营销总监，他说企业里一些部门要职被老板亲戚占据，身边"耳目"颇多，所以他说话、办事都得小心翼翼，唯恐说错、做错了什么，这让他很惶恐不安，最近有辞职的打算。

任用缺乏公平性

当你的公司招聘到一位能力强、有开拓创新精神的年轻人，并且舆论公认此人日后必然会成为某经理的接班人时，你必须认真思考：给他什么样的职位，如何提拔他更好？如果在他的任用问题上稍有疏忽，处置不当，将会给公司带来不必要的麻烦。要么这位能人会因位置不好而另谋高就；要么就会使那些资历比他高、工作时间比他长、职位较低或者较高的人为此而抱怨公司一碗水未端平，厚此薄彼，甚至拂袖而去。那么，如何处理比较妥当呢？看下面的一个例子：

某大公司曾经聘用过这样的一位年轻职员，不到半年时间，他的工作业绩远远地超过他的主管。如果让他顶替主管的位置或者同在一个部门平起平坐，各管一摊，必然使公司的组织机构、人事制度、业务工作秩序都被打乱。为此，总经理将他调往国外，负责组建分公司，总经理的高招使"鱼"和"熊掌"兼而得之。

事实上，人才流失的原因肯定不只以上几个，高明的团队管理者应根据具体情况，想出具体而有效的对策。

2. 关心你团队中的每一个成员

大部分的团队管理者，在某些方面确实比某些基层的职员要强，也就是因为如此，他们或多或少的有了一种优越感，有些瞧不起普通的职员。以致他们在面对自己的下属时，态度蛮横无理，语言也不加选择，经常会说出类似下面的话：

"你瞎眼了，这么简单的事情都处理不好？"

"我真怀疑你的智力，比弱智还差，我都替你脸红！"

"发什么呆啊，你的脑袋里装的难道是糨糊吗？"

…… ……

我们很难相信这些话是出自管理者之口。这种自认为要比他人优秀，把自身放在"高人一等"的位置，瞧不起自己下属的管理者不在少数，他们的这种做法，不仅会让人生厌，还会被人看不起，无形之中为团队的建设与管理设置了许多障碍，增加了工作难度。下面所要说的就是一个鲜活的事例：

曾经有一个年轻人，在毕业后，被一家公司所聘用，凭借着自身的能力以及努力，很快就得到了晋升，成了该公司市场部的主管，一坐上这个位置的他，就想着做出一番事情出来。他的干劲确实十足，花了很长的一段时间制定出了一套计划，公布给了团队成员，并且希望各位一同努力，完成这个计划。

他所制定的计划切实可行，但是其中也有一些小问题。分配任务时，有几个同事对其中的细节提出了自己的看法，希望他可以稍微修改一下。

没想到，他在听到这句话后，脸色立刻变了，毫不客气地说："到底我是经理，还是你们是经理？这些项目我考虑了很久，没有什么问题，你们只要按着计划去做就行了。"

同事们也没有再说什么就离去了，这个年轻人有一次在跟其他部门的人聊天时，说出了这样的一句话："说真的，我真的不知道他们到底是怎么想的，还觉得我的计划有问题呢？不是我瞧不起他们，他们能知道什么啊？否则的话，怎么是我当经理，而不是他们呢？"

类似这样话越说越多，世界上没有不透风的墙，终于有一天，这些话传到了他所管辖部门的职员耳中。接下来，当这个年轻人再布置任务时，谁也不会再过多的说什么，只不过，在执行的过程中大打折扣，不是没能达到他所期望的效果，就是不能在规定的时间内完成。

如此一来，他的部门成了整个公司最没有秩序的部门，理所当然，也是业绩最糟糕的部门。没过多久，他主动地提出了辞职，离开了这家公司。

在现实中，像上面这样的管理者不在少数，他们总是认为自己要比普通的职员强，并且还会在很多的言语中表现出瞧不起下属，他们的这种表现会带来什么样的后果呢？从上述的事例中，我们已经得到了一个明确的答案。

作为一个团队的管理者，最主要的任务就是考虑采取什么样的方式让职员都能朝着团队的整体目标奋进，在竞争激烈的环境中，团队才能不断得以发展、壮大。那么，如何才能做到这一点呢？团队的管理者就必须改变心态，学会用心关心团队成员，不要再认为自己要比他人优秀，并在言行上表现出瞧不起职员，而是应当给予职员应有的尊重。

尊重，是凝聚人心的秘诀，也是增强团队成员归属感的一剂良药，因为这世界上的所有人不论其身份和地位如何，都需要被尊重。尊重不仅仅是团队管理者与被管理者之间的一种基本礼义，更应贯穿于管理的全过程。当管理者总是以一种自认为要比他人优秀，瞧不起下属职员的态度去面对自己的下属，无论其个人能力如何的卓越，所制定的目标与计划怎样详实可行，都难以实现。为什么会这样，原因很简单，就是当团队管理者蔑视下属时，下属会以同样的态度去面对管理者，很难真正地按照管理者所说的去执行，完成管理者所交付的任务。

从上面的叙述中，我们知道，自认为要比他人优秀，瞧不起职员对团队管理者日常工作的开展有百害而无一利。管理者应当怎样做，才能让团队成员感觉到尊重呢？

为职员提供一流的工作环境

美国密歇根大学工商管理学院教授戴夫·沃尔克曾说过："职员在一段时间内会关注薪水，但如果雇员对工作失去了兴趣，单单靠金钱是不能留住他们的。"

的确，人才对团队的要求越来越高，他们不仅需要符合其劳动能力的薪酬，更需要舒适的工作环境，以及对工作的满意程度。如果没有这些作为基础，老板便无法留住人才，一旦人才开始流失，企业的发展也就失去了动力。所以，管理者必须要放弃能省则省的心态，为团队成员创造舒适的工作环境。

团队应有新气象，工作环境就是表征，每个管理者都应该在资金许可的范围内，尽量给自己和下属提供一个合适的环境。如果团队整天暮气沉沉，没有一点儿生机可言，职员就好似被别人遗弃了一般。如：没人监督，也没有人事变动，晋升的机会更别提；工作虽不被重视，却终日忙碌不停；工作强度高，工作量巨大；每一次申请增加人员即被驳回；请求的预算，也常常会被削减；有好的建议也不被采纳。

身处这种工作环境中的人，不仅打不起精神来工作，而且还容易得抑郁症，性格也会变得越来越孤僻和冷漠。

因此，改变这种状态，为团队成员提供一流的工作环境，才能让他们更好地为团队服务，创造出高效益。如果职员能够在一流的工作环境里做事，不仅能使职员感到身体上的舒适，还能使他们的创造性在这种舒适的条件下自由地发挥出来。更重要的是，当职员们在这种适合自己发展的环境中体会到企业所寄予的厚望时，就会更加努力进取，而这也可以用来解释一流的企业之所以成为一流企业的原因所在。

用心去尊重、关心和爱护职员

常常听见有的团队管理者抱怨："唉呀！也不知是怎么搞的，我的下属们整天怨气冲天，好像总也不满足，一会儿嫌钞票挣得少，一会儿又抱怨工作没意思。反正这也不是，那也不行，似乎外面的世界哪儿都比这儿的好。"也常常听见下属们在一起窃窃私语："唉呀！我们的上司也不知整天在忙乎什么，怎么这么安排工作，也不替我们想想。"于是乎团队管理者叹息："现在这世道，人是越来越难管了，我整天都快累死了，他们却在一旁无动于衷，好像什么事都是我一人的。"

这种现象的存在恐怕不在少数，究其原因，团队管理者应负主要责任。要知道，管一群人可不像摆弄一个物件那么简单，主要的一点：人是有感情的动物，不是一发指令他就会丝毫不差地执行，管人这门学问实在是太深奥了，要不怎么说管理是一门艺术！固然，管理作为一门学问，有其一定的规律性可寻，但其中非规律性的，可以供你发挥的地方也不少。

在人性的特点上做文章

我们知道，大多数人都有一种"你敬我一尺，我敬你一丈"的心理。团队管理者要想让自己的企业蒸蒸日上，蓬勃兴旺，就一定要在控制人心上下工夫。尤其是对那些知识分子而言，能遇到一位感激他们的付出，又善于体恤下属的团队管理者，就会激发出他们源源不断的工作激情。

一个公司，最伟大的财富是人，而不是金钱和产品，有了人才有一切。每个人都有自己独特的个性和尊严，必须尊重他们，不应让他们有这样的感觉：自己仅仅是老板的赚钱工具而已。

尊重团队成员的个性

团队管理者虽然有责任把每个人都安排在最适宜其施展才能的岗位上，但由于工作需要和客观条件的限制，并不能够使每个人的工作兴趣都得到满足，有时甚至完全相悖。在这种情况下，简单生硬地强调"个人服从组织"，强迫命令，显然是下策。上策是在尊重的前提下，对下属说明情况，晓之以理，使下属心情舒畅，自觉以大局为重，服从事业发展的需要。同时还要设法培养他对新岗位的感情，为使其胜任新的工作提供方便，创造条件。事实证明，兴趣也是可以培养的。只要做好思想工作，使其坚持在这一行干下去，天长日久，兴趣自然就产生了，就会不知不觉地爱上这一行，并干出成绩来。

3. 因事寻人，寻找到适合自己团队的人才

常常听到一些团队的管理者强调需要最优秀的人才，但世界上没有绝对的最优秀人才。同那些具有敏锐的观察力、独特的见解、创新的理念、挑战卓越的勇气、非凡的执行能力和善于沟通的人才相比，能够认同团队的价值观，接受团队文化，具备团队所需要的工作能力和专业技能，自律守纪，具备良好的沟通能力、合作精神和学习热情能够完成各项工作的人，才更加切合团队的需要。

为什么这么说呢？

因为，任何的一个团队首先强调的是团队成员之间的互补与协作。只有这样的团队才能充分发挥出每个成员的特长，才有能力来创造灿烂多彩的生活，应对不断变化的世界。也就是说，打造一支一流的团队，管理者不仅仅要善于发现人才，更要做到知人善用，把合适的人放在合适的位置上。

有个叫吴越的人，通过多年地打拼终于创建了属于自己的公司。然而，公司成立不久便因管理不善而负债累累。当时，他的公司平均每月亏损约10万元，而银行还有100多万元的贷款。

为了改变这一现状，吴越苦苦地支撑着，后来他委托猎头公司从别处高薪挖来了一名人才，将其放在了经理的位置上，吴越期待着新的经理能有一些新的战略。和其他卓越公司的领导人一样，这位新经理认为，要想摆脱团队的困境，首先要解决"人"的问题，他告诉吴越："只有先把合适的人安排在合适的位置，企业才能健康有序地发展，否则的话一切免

谈。"

吴越听从了新经理的建议，此后，这名经理便开始了他大刀阔斧地改革，将注意力完全放在"做什么"的问题上，他和他的团队最终把吴越的公司由每月亏损10万变成了每月盈利40万。即使是在后来该经理离开之后，这个团队依然飞轮似的运转。

吴越的企业为什么会出现这种情况呢？是缺人才吗？事实上，他的团队并不缺乏人才，而是缺乏对人才的恰当使用。在我们的身边，很多的团队难以得到较好的发展，就是因为如此。

从上面的叙述中，我们进一步知道了，要想打造一支一流的团队，片面地追求优秀人才是远远不够的，还需要管理者能够做到知人善用，将人才放到合适的位置。因为，当一个人处于真正适合他的位置上时，才能发挥出最大的潜力。

那么，作为团队的管理者如果想要将团队打造成一流的团队，在招募、挑选成员时，最好能从以下几个方面进行考虑。

设定选人门槛的高度

在挑选团队成员时，管理者一定要清楚地知道需要什么层次的人才。因为只有这样，才能避免大材小用，或者是小材大用，做到真正的人尽其用，避免人才的浪费。

但是怎样才能确定选人的门槛呢？虽说要回答需要什么层次的人才很难，但是确认不需要什么样的人却相对容易得多，现今，以"学历"为门槛这种做法相当普遍。

例如一般企业在招聘时都把"大学以上"学历作为录用人才的门槛。企业招聘的管理人员、研发人员、营销人员都要求有大学以上学历，文秘、行政人员要求有大学学历，甚至酒店招聘保洁人员也要求有大学以上学历。面对这种现象，有关人士惊呼：企业在人才招聘和使用上陷入高消费怪圈！

在这儿，我们暂且不去争论人才高消费的利与弊，最让我们感兴趣的是为什么人才高消费会是比较普遍的社会现象，是什么因素支撑着整个社会的人才高消费？曾有过这样的一件事：

某书店原来招聘高中毕业生作理货员，后来由于求职者太多，于是挑肥拣瘦，把门槛由高中毕业改为大专毕业。试想高中生和大专生的待遇几乎没有区别，而大专生的学识和产出要远远大于高中生，书店有什么理由将大专生拒之门外而用高中生？水涨船高，在中初级人才供大于求的背景下，人才高消费在所难免。

从上面的分析中，我们可以得出这样一个结论：在现今的时代中，要想找到更为适合自己团队的成员，就必须设定选人的门槛，尽量选用学历较高的人。企管界最为著名的木桶理论也向我们印证了这一点。

木桶理论认为，木桶盛水能力取决于最低的那块木板的长度，最低的那块木板如果与其他木板接近，那么整个木桶盛水就多，如果最低那块木板很短，与其他木板相差悬殊，纵使其他木板再长，整个木桶可容纳的水量也非常有限。

用生手还是熟手

对大多数的管理者而言，在用人时都喜欢用熟手，这种心态在各种招聘广告中暴露无遗，有些企业要求岗位招聘对象有2年或4年不等的工作经验，甚至连一般文秘人员也要求有几年的工作经历。

偏爱熟手反映了企业拿来主义情结：我不想培养人才，也不想在培训上下工夫，最好其他企业代为培养，等培养好了以后再为我所用。由于企业这种普遍的懒惰心理和竞相抢夺，炒热了熟手的身价，同时贬低了生手的身价。一个刚出校门的优秀大学毕业生，当他怯生生地敲开公司大门时，企业给出3000元的薪水就足以令他激动不已；而对一个素质平平但有两年工作经验的跳槽者，5000元的薪水却难以使他忘我工作。而两者之间工作经验的差别，优秀毕业生几个月时间的实践就可以填平，两者创造力的差别，素质平平的有经验者穷其一生也难以拉齐。

虽说生手要价低，企业由此可以节约一大笔用人成本。但是生手里边潜藏着优秀人才，这些人只要稍微加以培训，就会成长为对企业忠诚度极高的优秀人才。

从上面的分析中，我们可以看出，无论是从人才的发展还是成本来看，在挑选人才时，选择具有潜力的生手远比熟手要合适。也正是因为如此，一些优秀企业，特别是外企青睐高校，每年到高校举办专场招聘会，在赞助高校奖学金上慷慨解囊、一掷千金。因为，在现今信息爆炸、知识日新月异的新经济时代，经历、经验开始贬值，持续的创新能力才是团队对成员的最本质要求。

合适的才是最好的

虽说团队的管理者都渴望拥有学历高、能力强的职员，在选拔人才时，常常也以此作为判断依据，并据此给予他应得的报酬。但事实证明，像这样的人未必就是最有价值的职员。如果一个人的能力与他的职位不符，同样难以真正地将潜力发挥出来，促进团队的发展。下面的寓言便能让我们更好地认识到这一点。

乌鸦得了一大摞获奖证书，什么"环球歌星大奖赛优秀歌手"证书、"宇宙歌星金奖"证书、"世界歌坛明星"证书、"五洲杯超级明星大赛最佳歌手"证书、"国际精英歌唱家"证书……数也数不清。

一天，乌鸦见鸟儿们在一个小树林里聚会，就飞过去说："我给大家唱一支最好听最好听的歌儿，希望大家喜欢。"说罢，她就闭着眼睛忘情地唱了起来。

只听"哇——"她刚一开口，鸟儿们便四散开去。乌鸦愤怒极了，她抓住喜鹊的肩头摇晃着说："他们太不懂艺术了！要知道，我有数不清的国际大赛获奖证书啊！"喜鹊说："要证明你是一个好歌手，何必要那么多高级别的证书呢？只要你唱的歌大家喜欢听就行了。"

"只要你唱的歌大家喜欢听"这句话不仅是送给乌鸦的，同样也是送给选聘人才的公司领导的。选聘人才，不能只看他的外在条件与学历证书，如果公司里没有适合他的职位，即使能力再强，衣着再光鲜，也无法最大化地发挥他的作用。相反，如果一个人的能力适合其职位，就能充分发挥他的作用，这样的人才才是团队真正需要的人。

由此可见，团队的管理者在挑选人才时，一定要走出高学历、高能力的误区，根据团队的实际情况寻找到合适的人。

4. 该辞退就辞退，正确处理业绩差的销售员

在团队的运营中，有一点是不可回避的，即使再注重人员激励和人本管理的团队也会有表现不佳的人。他们无法完成预定的工作，无法执行自己职责范围内的计划，更无法为团队的发展做出大的贡献。所以我们在重奖有功之臣的同时要及时发现那些绩效差的人员，并区分出哪些人是应该离开公司，哪些人应该调换岗位，并为调换岗位的职员制定技能培训计划。

要想提高团队的整体战斗力，就必须妥善处理这些绩效差的人，使他们在团队的经营过程中发挥积极的、有益的作用，而不是阻碍工作的顺利进行。

绩效差的人通常都无法完成自己的预定目标，他们不能始终如一地兑现自己的承诺，或者是他们的执行能力没有达到预期的水平等等。但是，这并不意味着他们不可救药。实际上，那些在工作岗位上表现不佳的人并非一无是处。相反，他们或者曾经在某一方面功勋卓越，或者在工作的某些细节之处表现优秀。他们现在的表现不佳，可能是因为他现在所做的工作无法发挥他们的长处，无法充分展现他们的能力。

对于那些有能力，但由于工作岗位不适合而表现欠佳的组织成员，最好的办法就是把他调换到更适合的工作岗位上去。

再谨慎的团队管理者，也有可能把不合适的人放到不合适的岗位上。这就需要团队管理者必须有勇气纠正自己所犯的错误，让企业的执行流程真正畅通起来。对该解雇的职员，就要毫不犹豫地解雇，回避是解决不了

任何问题的。

张鑫是一家电器公司的经理，一次，他费了九牛二虎之力，从某大公司挖来一名信息系统专家。张鑫满怀希望地给该专家安排了工作，却很快发现：这个人根本无法胜任此项工作。张鑫试图指导、帮助他，但事情似乎没有多大起色，张鑫意识到自己雇错了人。此时，已有许多同事建议张鑫采取行动，张鑫迟迟没有行动。但是这位专家的表现却每况愈下，直至一位重要客户拂袖而去，张鑫才后悔不迭，下决心解雇了这位信息专家。

所以，管理者除了要具有挥泪斩马谡的勇气外，在解雇那些绩效差的职员时，还要讲究策略，注意方式方法，体面地解雇职员不但有利于保护被解雇者的自尊心，而且还可以把公司的损失降到最低。

不忍心正视没有达到工作绩效的职员，是许多团队管理者的通病。

谢晨在公司初创时就任销售员，后来随着公司的成长逐渐被提升。到50岁时，谢晨已升到了部门主管的职位。而事实证明，这个职务完全不是他所能胜任的，由于谢晨缺乏"经理人"必须具有的魄力和执行能力，部门的效益一天不如一天。同时，由于他的不称职，严重影响了整个管理团队的士气，对于上门提意见的人，谢晨的上司解释说："他在这里干了那么久，我们不能调走他或解雇他。"

事实证明，绩效低劣的职员会削弱团队的实力，给潜在的客户和商业伙伴留下不良印象，加剧对公司综合生产率的负面影响。美国某机构曾对75家公司做过一项调查，这些被调查的公司有一个共同的特征：曾经经营很成功，当传到第二代时经营却失败了，结果发现失败的症结都出在人才问题上。这些公司创建后，得以逐渐地成长，但随着时代的变迁，一些创建元老已不能适应新时代的需要，但第二代经营者却碍于情面，不便或不能解雇这些职员。

那么，如何正确妥善处理业绩差的职员呢？

第十二章 稳定是团队不断创造业绩的根本

了解职员业绩差强人意的原因

职员的业绩差强人意时,首先要了解业绩出现差距的原因,然后再采取措施。在采取措施之前,首先要搞清楚职员对自己业绩较差有何想法,并认真观察职员在工作上有何不当之处,然后给予建议性的意见和及时的帮助。团队管理者可利用一切可能的机会具体了解职员的销售强项是什么,短板是什么,然后提出具体的工作改进反馈。

准备裁员时要开诚布公地与职员沟通

在诸多裁员的实践中,如何确定合理的裁员标准,并且开诚布公地与职员沟通,对于最大限度地减小裁员的负面影响有着举足轻重的作用。

团队是否聘用一名职员,归根到底是根据该职员可为团队带来的价值决定的,裁减一名职员,也是因为他给团队的价值预期相对较小。但是职员本年度的业绩表现与他未来对团队贡献的大小之间不能画上等号。也就是说,某职员上年度业绩表现好,不一定意味着他可以适应未来公司战略并能对之产生贡献。那么怎么确定合理的裁员标准呢?不妨换个角度,把关注点从"要裁掉什么人"转移到"未来需要什么样的人才队伍"上来,确定什么样的人员是要保留的。

对职员不要事事苛求完美

现实生活中,许多团队管理者对职员的工作事事苛刻,对职员更是求全责备,只恨他们没有长着三头六臂,样样使自己满意。例如:"小李,你看你这个书面请示像什么,又不是小学生作文,不知道请示的格式吗?真拿你没办法。""小冯,你也老大不小了,怎么总是错别字一串串的,你让我怎么说你才好?""玛丽,你别的方面做得还挺好的,怎么一遇到和电脑有关的活儿就出问题?这么简单的事你都做不好,太让我失望了。"像这样事事过于苛刻，不但不会提高职员的工作效率，反而打击了职员的积极性，同时也会束缚管理者选才、用才的手脚。

恰当地监督职员

许多团队管理者在进行了工作分配或授权之后，几乎就不再过问工作的进展情况，这也是导致职员业绩差的原因之一。给职员充分的自由来完成工作，对于那些能力强、素质高的职员来说，不失为一种鼓励其热情工作的好方法。但是对于大部分自我管理能力和业务素质不高的职员来说，这种管理方法就有些危险了，所以，要提高职员的工作业绩，适当的监督是很有必要的。

用纪律来训练你的职员

好的纪律可以帮助职员养成良好的工作习惯，纪律的真正目的就是鼓励职员达到工作的既定标准。团队管理者应该把纪律视为一种培训方式，那些遵守纪律的职员们理应受到表扬、奖励，而那些违反了纪律或达不到工作标准的人理应受到惩罚。让他们清楚自己的行为是不对的，并认识到正确的表现和行为应该是怎样的。

5. 一定要给团队成员提供事业发展空间

大多数管理者心目中理想的团队成员是这样的：对工作有激情，喜欢挑战，希望参与较大项目，希望学习新东西，希望建功立业等等。但是，团队能否具备吸引这样职员的条件？或者说，有没有为立志干番事业的团队成员提供发展的空间？真正聪明的团队领导会开出类似的条件去吸引他想要的团队成员，即充分的发展空间、专业的挑战性、工作的创造性和各种各样的机会，而不是刻意地挽留。

联想集团之所以有今天的辉煌，离不开众多优秀人才的共同努力，而这些人才为何会留在联想，坚信联想，就是因为联想让这个团队的成员看到了美好的前景。一个有着良好前景的团队，自然会吸引和激励着更多的人才投身其中。在商海里，一杆特大号的旗帜带领着一队人马铿锵而行，这杆大旗就是民族工业的主流，是当今IT领域的主力军，加入这样的队伍自然是每个有志人才所向往的。柳传志看到了这一点，也着重在这方面倾力打造联想的品牌，一有机会他就会在联想内外透露联想的"企图"：要进世界500强，要做中国的IBM！如此一来，激励团队中人才个个争先，奋勇向前。柳传志的精神鼓舞着人才，联想的目标激励着人才。联想日益强大，越"长"越像"中国的IBM"。不管"世界将会怎样"，更多的人才还不想"失去联想"。

那么作为团队的管理者，又该如何去做呢？

不要害怕团队成员功高震主

让团队成员了解团队的发展战略，使职员在团队发展过程中获得成功。如果能够为团队成员制定职业生涯规划，使团队成员看到团队的发展前景，看到其自身在团队的希望，他便会更加全力以赴地投入工作。不过在这个方面，很多团队管理者内心却充满恐惧："我的下属这么能干，他会不会取代我的位置？不行，我要先采取行动，可不能让他的业绩太闪光。"

管理者的这种害怕职员"功高盖主"的心理很快会将下属的积极性扑灭，遏制了下属工作潜力的爆发。当然，最终的结果会使团队的发展受到限制，无奈之下，这些职员只有选择离开团队，另谋出路。很显然，团队管理者的这种做法是非常不好的，他不仅埋没了团队中的闪光人才，而且也遏制了团队成员的潜力，让团队成员丧失了对团队、领导的忠诚。

每一个团队成员都是一座宝贵的矿藏，即使是最平凡岗位上的职员。我们经常听到管理者抱怨自己下属的潜力已经用尽，其实不然，每个团队成员的潜力都是巨大的，只是这种潜力就看你用什么样的方式去发掘。如果团队成员感觉到了上司对自己潜力的否定，他不选择离开才怪。因此，要激励团队成员对自身潜力再开发，引领他们向着更明了的目标不断前进。

尊重你的团队成员

一些岗位要求从业人员具有一定的人生履历、教育学历、工作经验等，你如果想吸引并留住这些岗位的专业人员，就要展示对他们的地位和资格的尊重，这种尊重和赞赏日后肯定会有所回报。轻视专业声望，就会"迫使"一些重要岗位的职员转而寻求那些认同他们职业特征的岗位。树立团队成员专业声望的方法有：在团队的各项宣传中标明头衔；在团队成员的个人名片上充分显示；鼓励团队成员参加各项活动及继续教育；为团队成员专业知识的使用提供工作舞台。

给团队成员提供更多的发展机会

根据美国《商业周刊》报道，全球咨询公司沃森·怀亚特的一份调查报告说："尽管薪金上的竞争非常重要，但是，如果有家公司的经历有助于他们成长和自我推销，他们会加入这家公司并留下来。""老板认识到了向有能力的职员提供发展机会的重要性。"美国微软公司的比尔·盖茨为公司的许多人才提供了发展机会，造就了一批百万、千万和亿万富翁，这应当是微软公司成功的经验之一。我国的联想集团也是以事业吸引和稳定人才，提出"用权力激励人的成本最低"的观点，实际上就是迎合了人才自我实现的需求，为其提供事业发展空间，凝聚了一批能人，促进了联想集团的发展。

但是，现实中许多管理者为了提高工作效率，往往希望以最简单的方式将自己的想法传达给职员，而不让职员自己去思考，不给职员自我发展的机会，这样的团队管理者无疑是失败的。

有家电脑公司业务经理陈先生，被派到国外出差10天。陈先生平时做事就很仔细，什么事都亲自下命令，并一一验收成果。虽然他手下有好几个人，但他从不将有责任性的工作交给职员们做，因为陈先生认为："他们做事没有效率。"就因为这样，很难想像他不在的这10天，公司里会发生什么事。

陈经理将出差前能处理的事全都处理完，并将在这10天里可能发生的事都写在笔记本上，然后才动身出国。但因工作上遇到一些问题，所以原本打算停留10天的行程，延长了一个多月。

陈经理一直担心那些"不值得信赖的下属"，在这段期间都做了些什么？他当时就在想，等他回国时，公司可能已经大乱了吧？

但是，陈经理回国后发现，这些职员的工作完全没有因为他的出差而受到任何影响。反而当他的行程决定延长时，职员们自动自发的心理更加强烈。这些平时依赖团队管理者的职员，各自负起责任去处理部门内的事，所以即使陈经理不在，各种业务也都在顺利进行。碰到难以决定的事情时，大家就互相商量，然后去请示相关主管。

这件事后，陈经理认识到自己以前事事过问、不给职员表现机会的管理方法是不合理的，更让他明白了，在工作中要给职员留一定的发展空间，这样不仅可以发现职员的潜力，还能更好地安排工作，同时也取得了职员的信赖、留住了职员的心。

一些成功团队的管理者认为，薪酬并不会永远起决定作用，团队不要仅靠待遇去刺激团队成员的积极性，更重要的是要为他们提供良好的发展空间，在尊重人的基础上，满足人的成就感。

不懂销售管理,如何出业绩?

第十三章

成功可复制,让业绩无限增长

现今的时代是一个依靠团队致胜的时代,更是一个讲究效率的时代。因此,在带队的过程中,我们要善于总结明星团队在销售中的成功经验,变为已用,形成自身团队特有的风格,并无限制的复制下去,才能简单而快速地让业绩无限增长。

1. 打造并维护分享交流的平台或者机制

打造并维护分享交流的平台或机制，说到底就是要在团队中打造一种顺畅的交流沟通的氛围，让身在团队中的每一个人有好的意见或者想法时都能够坦陈地说出来。事实上，在很多的时候，我们的团队出现的一些问题就是因为没能做到有效的沟通所致。

例如，在某项规章制度颁布下来后，会引起不少人的意见，并难以得到有效执行；你向下属交代工作任务的时候，下属虽然在表面上接受，却迟迟不见行动；你把工作交给了团队中的某位成员，他怎么做都做不好；团队成员老是会出现这样或者那样的矛盾，并时常有人向你"打小报告"等等。

无疑，出现上面的任何一种情形都不利于团队的团结，都会给团队的发展带来负面影响。而我们要想减少类似的问题出现，就必须注重团队内部的沟通，为什么这么说呢？

首先，我们都知道团队是由不同的人组成的，对于某件事，不可能看法都相同。此时，如果不注重沟通，把自己的想法和看法说出来，就有可能会引起误会，并产生猜忌。如此一来，又怎么会有良好的团队协作精神呢？

其次，缺乏相应的沟通，作为团队的管理者如果不能对团队成员有着较好的了解，不能真正地发现团队成员的优缺点，把他们放在合适的位置上，同样也会因此而难以发现团队成员的真正需求，无法做到有效的激励。

再者，难以真正地把握住团队的真正状况，收集到市场上的信息，进而做出切实可行的团队整体工作规划。

还有，就是不利于成功经验的推广，令团队的成员少了学习以及提升业务能力的机会。

著名战略管理大师亨利·明茨伯格认为："优秀的管理人员几乎每一分钟都用来沟通，不是说，就是写，或者听，或者阅读。管理者最重要的管理职能就是使组织的人力资源发挥最大的效能。为此，他们需要不断激励下属，调动他们的潜能，同时，通过不断地培养和指导，使下属获得新的能力。这个使人力资源增值的职责履行，就是通过沟通来完成的。因此，沟通能力及相应的技巧成为管理者个人和其团队成功的关键。"管理者和团队成员都要从自身做起，坚持对话精神，有方法、有层次地发表意见，探讨问题，汇集经验和知识，方能凝聚团队意志，激发自身和团队其他成员的力量。具体做法如下。

团队管理者应该积极和团队成员沟通

高效的沟通技能是优秀的团队管理者必备的技能之一。许多团队管理者觉得自己高高在上，缺乏主动与团队成员沟通的意识，并且喜欢"鸡蛋里挑骨头"。"骨头"可以挑，但必须实事求是，在责备的同时要告知职员改进的方法，既让职员愉快地接受，又不致挫伤职员的积极性。所以，团队管理者应该放下架子，积极和成员进行有效的沟通，而不是颐指气使。

鼓励团队成员主动与团队管理者沟通

一般来说，团队管理者要考虑的事情太多太杂，一般不会有太多的时间和精力与团队成员进行沟通。同时，作为团队管理者往往也不会亲自参与到具体工作中去，因此很难切实考虑到职员在工作中会遇到的具体问题。所以，团队成员应该加强与团队管理者的沟通，以弥补团队管理者因为工作繁忙和没有具体参与执行工作而忽视的沟通。

认识到沟通是双向的，需要双方积极应对

沟通是双方的事情，如果一方积极主动，而另一方消极应对，那么沟通也是不会成功的。所以，加强团队内部的沟通管理，同时也不要忽视沟通的双向性。

沟通能够起到融洽感情、消除误会、避免冲突、促进合作的作用，有效的沟通可以使人与人之间的交往更加和谐，使团队更具有凝聚力。只有大家都真诚地沟通，双方密切配合，那么我们的团队才会发展得更好更快！

2. 建立职员认同感传递团队文化

团队文化成为许多团队走向成功的强大动力和重要法宝。调查研究表明：世界500强成功的根本原因就在于，他们善于给企业文化注入活力。而美国另一位权威学者甚至大胆预言：企业文化在未来十年内很可能会成为决定企业兴衰的关键因素。可见，团队文化在团队的发展过程中起着十分重要的作用。

山东丽鹏包装有限公司，现为全国包装行业的龙头老大，董事长孙世尧认为，公司有今天，唯一的秘诀就是得益于打造职员认同的团队文化，对职员进行有效的管理和培养，具体做法是：

1. 抓教育，构建健康向上的团队精神

公司从舆论导向入手，坚持每天广播五次，早晨在歌唱祖国的歌声中开始新的一天，6:30分准时转播国内外新闻，并通过广播宣传国家的方针、政策、公司的规章制度和团队里的大事要闻。公司坚持每周升降国旗、奏国歌、国际歌。这样，使职员眼睛看的、耳朵听的、日常想的和干的，到处都是正能量，时时受到鼓舞，不断提高职员的国家观念、民族观念，使全体职员爱国、爱民、爱厂的抽象感变得具体化、形象化，融入职员的心灵，变成日常的自觉行为。

2. 抓活动，增强职员的凝聚力和向心力

公司规定连续三年被评为先进工人、优秀团员的职员可享受到北京旅游的资格，连续五年被评为先进的可乘飞机外出旅游。2001年5月，公司有44名先进职员乘飞机到南京旅游，这些活动使广大干部职员增强了做丽鹏人的光荣感和自豪感。

孙世尧说:"文化作为丽鹏的制导系统,决定着团队的发展速度和状态,有什么样的文化,必然有什么样的团队。我们创造这样的气氛,绝不是为了搞形式,出风头,而是为了通过反复地灌输、熏陶,最终将文化融入职员的灵魂,变成每个人的自觉行动,上下一心把丽鹏创造成具有敢闯精神和团结协作精神的一流团队。"

孙世尧认为,要让职员从心底里认同团队文化,最关键的是对职员的培训,培养职员良好的工作态度和习惯,习惯是在思想和行为中不断重复,逐步养成的,好习惯可以造就人才,坏习惯可以摧毁人才。丽鹏的教育方法有:"请进来,走出去"、互讲互学、自我教育、电视教学、举办培训班、集中培训与分散教育相结合、因人而异,因材施教等。

丽鹏公司大力提倡鼓励职员自学,凡取得第二学历者报销全部学费。现在,丽鹏公司的职员都在心里树立起了这样的理念:公司是以成绩论英雄,凭德才坐位置,实行能者上、平者让、庸者下的竞争机制,逐步建立起符合现代团队的用人观念。

孙世尧认为,领导与职员之间,有良性互动才能有良性循环。丽鹏公司本着"一片真心换诚心"的原则,在工作、生活等各方面对职员进行无微不至的关怀,帮助他们解决后顾之忧。在公司安家的各级干部,公司无偿提供住房。公司投资20多万元建成高标准幼儿园为职员解决困难,全部免费为职员的小孩提供饭菜和服务。

在丽鹏工作的职员一再表示:"丽鹏公司的领导好、环境好、风气好、学习好、娱乐好,我们在这儿工作,感到舒心、感到幸福。"

山东丽鹏包装有限公司本是一个小作坊,却为什么能在无数强大的竞争对手中不断发展壮大,异军突起呢?从案例中我们或许可以看出一些端倪来,那就是丽鹏的职员热爱自己的团队,职员有一种好的思想、好的行为和顽强的斗志,这就是无形的团队文化所起的作用。

第十三章 成功可复制，让业绩无限增长

如今，越来越多的团队逐渐认识到无形的团队文化比有形的机器设备对团队发展更有力量，因为最先进的管理就是用"文化"来管理。但必须强调的是，团队文化不是用来标榜团队的美丽外衣，它是团队每一个人心目中的价值观念和行为准则，是工作生活的自然习惯，它需要团队中每个职员的参与和认同。如果每一个职员都能融入到团队文化中，团队的人性化管理就实现了。因而，只有当职员和团队的价值观保持一致并完全融为一体的时候，职员的潜能才能发挥到最大值，才能创造出奇迹。

培养职员的认同感

一般来说，成功的团队都有自己独具特色的文化，如果注重培养职员对团队的认同感，就能够让职员尽快融入团队文化。

IBM公司创始人老托马斯·沃森早在1914年创办IBM时，就设立了"行为准则"：他希望他的公司财源滚滚，同时也希望能借此反映出他个人的价值观，于是，他把这些价值观标准写出来，让所有为IBM工作的人都必须明白公司的文化："必须尊重个人""必须尽可能给予顾客最好的服务""必须追求优异的工作表现"……IBM每位职员都将这些准则一直牢记在心中，任何一个行动及政策都直接受到这三条准则的影响。

后来的事实也证实了："沃森哲学"对IBM公司贡献出的力量，比技术革新、市场销售技巧以及庞大的财力所贡献的力量更大。无疑，IBM公司的团队文化是成功的。

团队文化不能只是一个标语，要真正渗透到职员内心

微软公司要求职员通过熟悉公司来融入团队文化中。对此，总裁比尔·盖茨说："熟悉本公司是每个职员的必修课，因为只有熟悉本公司的情况，才有可能把公司情况介绍给你的客户，反之，必会引起客户的怀疑。"可见，微软对职员融入团队文化的要求是非常严格的。

团队文化的培养绝不能只是一个标语，必须让职员感觉到文化就在身边，跟自己的工作息息相关。

团队文化要让职员处处感受到

管理者应该清楚地告诉职员团队的目标是什么，然后关注目标的每个细节，让职员在自己的工作中感受公司文化，那么跟职员自己工作相关的因素有哪些呢？这些因素包括：管理风格、职责权限、绩效考核、激励机制、团队关系、工作流程、培训体系、制度和规范等。

从职员加入团队的第一天，见到的第一个人起，他实际就在感受团队的文化了。诸如面试时有没有被热情接待，考官的态度，进入团队后主管和同事是否真心帮助他，是否让他感觉到了团队的温馨，这些都还是初步和浅层次的团队融合。当他在团队工作了一段时间，业务开始熟悉后，就会深刻体会到团队的流程、制度、规范、考核、激励机制等等。这些是团队文化的深层次表现形式，公司只有在这些环节上都体现出"以人为本"，才能让职员认同。

团队文化能让职员自己做得到

在我们打造属于自己的团队文化之时，不仅仅要求团队的成员能够认同并且接受，更为重要的是能让团队的成员自觉去做。有趣的是，现在有不少的团队也在努力地构建属于自己的团队文化，希望能够用这种文化理念去影响团队成员，让团队中所有人都能朝着同一个方向努力。可惜的是，很多的管理人因为没能让团队成员真正地意识到团队文化的重要性，在实际的工作中职员们也很难去做到。

对于任何销售团队，在构建自己的团队文化时，为了确保团队的文化能产生应有的效用，作为团队管理者就必须通过积极的沟通和有效的培训使职员改变观念，按照团队文化的要求行动起来。即便是稍微带有一定的强制性也要这么做,最好的方法就是将团队的文化与奖励或业绩结合起来,去约束、规范他们的行为,让他们形成一种习惯,最终转变成一种意识。如此一来,团队的文化才能真正地发挥其应有的作用,让团队中的成员自动自发地为团队的发展贡献出才智。

3. 从行为到意识：不断地向职员传播思想和理念

团队文化是一种集体的文化，所强调的团队组织内部的环境氛围的打造，让团队的成员在这种环境氛围的影响下，让团队中的每一位职员在行为意识上保持协调一致，从而提升团队的凝聚力，以其更好地实现团队的整体目标。因此，管理者在团队文化建设的过程中，应当注重团队成员的共同价值观、团队精神等建设与培养。

要提倡职员对团队的奉献精神和集体主义精神

人们生活的意义不仅体现为社会对个人的满足，而且更重要地体现为个人对他人、对社会的贡献。人们通过共同创造，促进社会发展，这就要求人们对社会做出一定的贡献。人的本质是潜在着的人的价值，人的价值是实现了的人的本质。对社会的奉献精神是我们每个人对社会应该采取的生活原则和生活态度，是培育团队价值观的重要方法，也是实现人的价值的途径。

为此，管理者必须反对两种错误的倾向，一种是个人主义倾向，以为个人的价值就在于对自由的信念，主张自我选择、自我实现，一切以自我为中心，个人的自由高于一切。因此，他们只讲个人价值，不讲社会价值。这种脱离社会和群体的个人主义，无论是对自己，还是对社会、对他人，都是有害的，应该杜绝；另一种是忽视个人需要的倾向。在个人与社会的关系上，人的价值既包括个人对社会的责任和奉献，也包括社会对个人的尊重和满足。也就是说，社会应该尊重个人的主体性、创造性，并应提供相应环境使个人的主体性、创造性得以发挥。同时，社会还应满足个人的合理需求，包括物质和文化两个方面。我国过去曾一度片面要求职员为团队、为社会做贡献，而不太考虑个人的物质利益，这是错误理解了人的价值。

在当前市场经济条件下，团队在工作中还是应该强调奉献精神，但团队必须充分体现按劳分配、多劳多得的原则，让有奉献精神的人得到更多的物质利益。作为职员本人应该充分发扬奉献精神，哪怕是在个人利益上有所牺牲，因为"奉献"本身就包含了不计报酬的意思。集体主义构成了团队管理思想的主要内容，一个团队就是一个大集体，团队内的事业部、工厂、科室也是大小不等的集体。管理活动的目的和行为都是为了保持集体的协调，维护集体的利益，充分发挥团体的力量。这种集体主义成了个人与团体、个人与个人之间的基本规范。它寻求职员把个人利益置于团体利益之下，做到团体利益第一，团体利益高于个人利益。同时也要求把个人利益置于他人利益之后，做到先人后己。当然，团队的集体主义并不完全排斥个人主义，更着重要求个人从属于集体。

确立职员的主人翁地位，营造"家庭"氛围

所谓主人翁是说明主体对客体的关系。当主体对客体由于具有所有使用、经营管理等关系，因而当主体能以自己的意志去影响、支配客体的活动时，主体就是客体的主人或称主体在主客关系中处于主人翁地位，对团队来说，职员的主人翁地位就体现为职员对团队的所有、使用和经营管理关系及权利，以其意志能够影响和支配团队的各种活动。当职员的主人翁地位在团队里得到切实的保障时，他们的劳动又与自身的物质利益紧密联系的时候，职员的积极性、创造性和聪明才智就能充分发挥出来，职员的精神面貌就会焕然一新，团队也就充满了勃勃生机。

在现代团队中要给每个成员树立团队即"家"的基本理念，"家"是

社会最基本的文化概念，而团队是"家"的放大体。在团队这个大家庭中，所有职员包括总裁在内，都是家族的一员，其中最高经营者被视为家长。在大家庭中，所有人都一视同仁，蓝领工人和白领工人在待遇、晋升制度、工资制度、奖金制度、工作时间、在现场的穿着上都相同，所有职员都有参与管理、参与决策的权力。团队领导要特别重视"感情投资"，要熟悉职员的情况，经常组织运动会、联欢会、纳凉会、野餐会和外出旅行等活动，可邀请职员家属参加。这样整个团队就洋溢着家庭和谐的气氛。职员以主人翁的态度和当家做主精神对自己、对团队高度负责，正是在这种充满激情和创造性的职员活动中，团队的价值才得以确立，团队的经营目标才得以实现，团队才得以不断发展。

以"和"为本，培养职员爱岗敬业和团结协作精神

在市场经济下，职员的命运和团队的兴衰是紧密联系在一起的。因此，团队应重视培养职员的爱岗敬业精神。职员有了爱岗敬业精神，就会牢固树立"团兴我荣，团衰我耻"的理念，顾全大局，自觉地与团队同呼吸，共命运，荣辱与共，真正从内心里关心团队的成长和发展，并积极为团队的发展献计献策。

同时，职员要尽最大努力做好本职工作，把自己的专业知识和能力全部贡献给团队，他们就会自觉地学习，刻苦钻研文化知识和专业知识，努力提高技术水平和业务素质，从而为团队做出更大的贡献。此外，他们还敢于走别人没走过的路，从而推动团队的不断创新和发展，同时，团队要培养职员的团结协作精神。俗话说，"人心齐，泰山移"，团结就是力量。团队领导要在团队内部营造一种开放坦诚的沟通氛围，使职员之间能够充分表达沟通意见，进而消除隔阂，增进了解。

此外，在团体内部还要强调"以和为本"，一个小组团结如一人，与别的小组一争高低。团队内部的"和"，也并非一团和气，失误不纠。并

非排斥竞争，而是强调内和外争，即对内让而不争，对外争而不让。要鼓励职员参与管理，勇于发表意见和提出批评，团队要采取各种激励措施，引导职员团结向上，增强凝聚力，使职员之间、职员和团队之间产生一体感，使得大家团结协作，同心同德，齐心协力，共同完成团队的经营目标。

树立"经营即教育"的理念，加强对职员的教育

由于团队与社会发展的总体利益是一致的，团队应把教育作为团队对社会的义务，同时团队对职员的教育也会促进团队的发展。因此，团队应把教育作为其经营理念的核心，树立"经营即教育"的理念。

第一，团队和社会有一种无言的契约。即经营是社会对团队的委托，要完成此重任，必须依靠全体成员的共同努力，必须统一他们的思想与行为，统一的方法就是靠教育。

第二，经营好团队，必须集合众智，使得每个职员都把自己当作团队的经营者，做好相应的工作，并在取得成功的过程中体现自身的价值。为了造就这样的集体，必须靠教育。

第三，依靠教育在团队成员中确定经营目的。教育的动力来自于团队精神，同时通过教育又强化了团队精神，而正是这种团队精神是团队的管理之魂。

总之，团队协作精神代表了一个团队的基本素质，是团队发展繁荣的基本条件。团队想要进行现代团队制度的改造，就需要提升团队自身的基本素质，特别是在团队内部培养职员的团队协作精神。现今我们不少的团队精神的成熟度不够，个性不强。因此，需要对团队精神进行培育和重塑，在培育和重塑团队精神的同时还应充分考虑到社会责任感，把竞争观念、市场观念、效益观念、信息观念等融合到团队精神的培育全过程中，使之成为团队精神的基础。

4. 强化团队成员的使命感，激活工作的内在驱动力

团队成员竭尽全力做好每一件事，是一个团队成功的基础。成功的团队则是通过赋予职员使命感把职员身上的各种潜质都统统地挖掘出来，并让全体职员协同一致为团队的发展奋斗。

不少研究激励理论的学者认为，最有力的激励手段是让被激励者感觉自己的工作非常有意义，自己是在做一件很伟大的事情，他们觉得完成这一目标能够给自己带来荣誉和尊严。一旦人们对自己的工作有了"神圣"感，他们就会义无反顾、勇往直前地面对所有的挑战。

通用电气的团队使命只有七个字：无界限、快速、远大。杰克·韦尔奇在1993年对全公司职员说："我们用三个经营原则来定义通用电气的气氛和行为：'无界限'，指的是我们的行为不应该自我设限；'快速'，指的是我们所做的每一件事都要讲求速度；'远大'，指的是我们的每一个目标都要有远见。"

韦尔奇解释："行为上的无界限，是今日通用电气的精神所在。简言之，人们是否老爱在自己与他人之间筑起一道道的墙，在我们这种大型机构内，此种本性发挥得更透彻。这些墙会限制大家、压抑创造力、浪费时间、钳制思想、扼杀梦想，更糟的是，会减慢一切事情的进度。我们的挑战就是要打破、甚至推倒这些阻隔在我们彼此、我们与外界之间的几点障碍。到目前为止，'无界限'的精神让我们发展出许许多多的新点子，将公司彻底改进。"

"快速"是三大哲学中的第二项，大规模的公司很少有像通用这样，

第十三章 成功可复制，让业绩无限增长

还能做到速度上的要求。今日的通用电气公司，不论是新产品研发、生产过程重新设计，还是减少工厂和设备投资以提升公司实力等方面，都能达到速度的要求。

最后一项概念是"远大"，指的是依照梦想来制定团队目标。韦尔奇的解释是："'远大'让公司把目标推向更高远，远到大家都意想不到的地方。在这个无界限、讲速度的公司里，公开、诚恳及信赖的作风让我们定出远大的梦想，然后大家努力实现。"

从1981年到1995年，通用提出的目标是"成为世界上最有竞争力的团队"，让公司的每个业务领域都能在市场上占据第一名或第二名的位置，任何不能达到该要求的业务都必须整改、出售或关闭。毫无疑问，这样的使命感具有非常清晰的含义，非常具体，表述准确，没有任何抽象的东西在其中。同时，这个使命又是壮志凌云的，它表明了通用电气征服全球市场的雄心。

杰克·韦尔奇认为，团队的重要因素在于人。他说："我们决定在拥有20多万名职员的通用建立一种文化，让每个在此工作的人每天都带着追求更好的态度来工作。因为我们知道策略、技术、市场开发、购并以及其他方面都很重要，而要让这些方面融合在一起，靠的就是人。通用是成功或是失败，关键也在于人。"对于人，韦尔奇说过，改变人们的行为方式和工作方式，最重要的就是给职员灌输使命感。为此，他在通用电气提出了"软性价值"一说。他说："我希望通用电气的表现可以超越国民生产总值的成长，但是我不希望设定出一个数字化的目标，而是透过类似使命感的灌输来挖掘出全体职员的聪明才智，达到我们的目标。使命感的灌输将所有的积极因素完全地融合在一起，进而让公司能够提供出有价值的商品与服务。"

为了实现他提出的软性价值，韦尔奇充分使用了通用设在纽约克罗顿维尔市的学习中心。韦尔奇明白，只建立一个团队哲学是不够的，重要的

是，要将团队的使命感传达至每一个通用职员，或者说至少绝大多数的通用人，都尽快地搭上这艘使命之船。

韦尔奇认为，拥有使命感的职员会使通用变得百折不挠、更具弹性、并且更为敏捷。正是在这种使命感的驱动下，1998年通用电气除了创造出1000亿美元的收入外，还打破了通用电气志愿者每年向社会提供100万小时服务的记录。通用电气在全国范围内的自愿服务行动无疑为公司带来了巨大的荣誉——1999年连续两年被《财富》杂志评为全美最受人尊敬的公司。韦尔奇说："在通用电气的近40年中，我从未见过哪一个全公司范围内的运动在向一个宏伟目标努力时会行动如此迅速。"

从一定意义上说，通用电气的成功，很大程度上就在于其团队文化的成功，韦尔奇在通用掀起的一场文化革命，改变了人们的行为方式和工作方式，并因此激发出了职员真正的热情和忠诚度。透过通用电气对职员的思想改造所获得的巨大成功，我们不难看出，拥有使命感，无论是对整个组织还是对于职员个人，其意义都是非常深远的。

为职员描绘生动形象的使命

如果是以强权或权威来压制一个人，这个人做起事来就失去了真正的动力。抓住人的期待并予以具体化，使其为了这个具体化的期待而努力，这就是赋予动力。团队的使命感就是行动的蓝图，也是成员的具体理想或目标。如果这个具体的理想或目标规划得生动鲜明而详细，团队成员就会毫无疑惑地为之努力。

善于向职员灌输使命感的管理者，能够将大家所期待的未来远景，添上艳丽的色彩。这远景经过他的润饰后，就不再是遥远而不可触及的，而是形象生动的美好蓝图。大家的热情自然会高涨，士气自然会高昂。

成功的管理者往往都主张以使命感来凝聚团队的向心力，他们对于自己和群体的目标永远十分清楚，并且深知在赋予职员使命感的过程中，让每位成员共同参与的重要性。因此，他们会经常和职员一起确立团队的目标，并竭尽所能设法使每个人都清楚地了解、认同团队的使命，进而获得他们的承诺，坚持和献身于共同的目标之上。当所有成员有认同感、成就感时，大家会从心里认定：这就是我们的使命。

不只是对赢利感兴趣

拥有崇高使命感的团队，眼睛不仅仅只会盯着利润，这就如同团队希望职员不仅仅为了薪水而工作的道理一样。有许多人认为，做企业就是为了赚钱。虽然赚钱是公司的重要目的之一，但是我们必须要做更深一步的研究，找出公司存在的真正原因。通过对这个问题的研究，我们必然会得出这样的结论，即一批人走到一起来，并以我们所说的公司的形式存在，以便能够集体地成就一番单靠个人力量无法成就的事业，即为社会做一点贡献。这句话听起来一点也不新鲜，但却是至关重要的。留意一下周围的企业，你仍会发现一些人只对赢利感兴趣，对其他事情漠不关心，但是，对大多数人来说，潜藏在追逐利润的背后的实际动力是一种要做一点有价值的事情的欲望。

很难相信，一个只关注利润的团队能够向团队中的成员灌输催人奋进的使命感，即使能，也注定这种使命感是短暂的。原因很简单，利益至上的原则保不准什么时候就会拿团队成员的利益开刀，团队成员在这种缺乏安全感的团队里，哪里还有什么使命感呢？

总之，有效的使命感要在可能的目标与不可能的目标之间寻求一种平衡。它既要给大家一个清晰的方向感，以赢得卓越绩效为导向，也要充满壮志雄心，让人们感觉到自己是伟大事业的一部分。

值得注意的是，确立使命是团队管理者的职责，除了最终需要对此负责的人外，团队使命的确立既不可能，也不应该授权给其他任何人。